Josef Joffe und Michael Miersch
Schöner Denken 2

Josef Joffe ist seit 2000 Mitherausgeber der Wochenzeitung *Die Zeit.* Er hat internationale Politik und Ideenlehre in Harvard, Stanford und Johns Hopkins unterrichtet.

Michael Miersch ist Journalist. Er arbeitete u.a. für die *taz, natur,* den *Hessischen* und den *Westdeutschen Rundfunk, Die Welt* und *Focus*. Über umwelt- und gesellschaftspolitische Themen schrieb er zahlreiche Bücher, von denen einige Bestseller wurden.

Edition
TIAMAT
Deutsche Erstveröffentlichung
1. Auflage: Berlin 2022

www.edition-tiamat.de
Druck: cpi books
Buchcovergestaltung: Felder Kölnberlin Grafikdesign
ISBN: 978-3-89320-292-8

Josef Joffe
Michael Miersch

Schöner Denken
2

99 Phrasen für die geistige Inneneinrichtung der Nation

Critica
Diabolis
309

Edition
TIAMAT

Inhalt

Vorwort

Dieses Buch ist Humpty Dumpty gewidmet, dem rundbäuchigen kleinen Gesellen, den in der englischen Welt jedes Kind kennt. In Deutschland ist er leider kaum bekannt. Der Bursche hat es freilich in sich. Er tritt in Lewis Carrolls *Alice hinter den Spiegeln* – kein Kinderbuch – als brillanter Sprachphilosoph auf. Seine Theorie in einem knappen Dialog zusammengefasst:

> Humpty Dumpty: »Wenn ich ein Wort benutze, hat es just die Bedeutung, die ich ihm gebe – nicht mehr und nicht weniger.«
>
> Alice: »Die Frage ist doch, ob du Wörtern so viele verschiedene Bedeutungen zuteilen kannst.«
>
> Humpty Dumpty: »Die Frage ist: Wer soll Herr darüber sein? – Das ist alles.«

So belehrt der kleine Kerl die verblüffte Alice: Wer die Begriffe besetzt, bestimmt deren Bedeutung und emotionale Ladung. So formen sie Denken und Urteil. Beispiele: »Streik« ist aggressiv, »Arbeitsniederlegung« neutral »Niederlage« deprimiert, »Frontbegradigung« verheißt den Sieg im Gegenstoß. »Verräter« sind Schurken, »Whistleblower« Gute, die das Böse ans Licht bringen.

Die Sprache bedingt, wie wir die Welt verstehen. Wer die Dinge benennt, gewinnt Macht über die Köpfe – was

Menschen fühlen und glauben. George Orwell hat das in *1984* ausgiebig beschrieben: »Neusprech wurde entwickelt, um die Vielfalt der Gedanken zu verringern.« Ohne Begriffe kein Denken.

Doch ist diese Geschichte so alt wie die Menschheit, nicht allein von Jakobinern (links) und Faschisten (rechts) geschrieben. Priester und Potentaten aller Couleur haben Jahrtausende lang das Lenkdenk verfasst und verfügt. Die Macht über das Wort ist die Macht über den Kopf und den Menschen.

Nichts Neues unter der Sonne? Doch, und zwar mit einem himmelweiten Unterschied zum Zeitalter der Despoten und Diktatoren. Im Westen leben wir inzwischen im liberalen Verfassungsstaat, wo Meinungs-, Glaubens- und Informationsfreiheit verbrieft sind und kein Wahrheitsministerium à la Orwell regiert. Daran seien →**Querdenker** und →**QAnon** erinnert, die wähnen, der *demokratische* Staat vergifte Kopf und Körper im Verbund mit einer Weltverschwörung.

»Big Brother« lebt hier nicht mehr. Neusprech und Gutdenk erfordern im Verfassungsstaat weder Diktator noch Sprachpolizei, wie es Alexis de Tocqueville in seinem Meisterwerk *Demokratie in Amerika* immer wieder betont hat. Seine Sorge galt nicht der staatlichen, sondern »gesellschaftlichen Macht«. Amerika sei zwar weitaus freier als die Alte Welt. Aber die Gesellschaft ziehe »einen formidablen Kreis um die Gedanken. Drinnen kann einer schreiben, was er will. Doch wehe ihm, wenn er die Grenze überschreitet. Er muss nicht den Scheiterhaufen fürchten, aber doch die tägliche Ächtung. Eine politische Karriere ist ihm versperrt. Seine Freunde distanzieren sich; er kann nur noch schweigen und muss bereuen, die Wahrheit gesagt zu haben.« Tocqueville hat vor zweihundert

Jahren die demokratische Zukunft gesehen, obwohl er »canceling« nicht kannte.

Die Ge- und Verbote kommen nicht vom Staat, sondern aus der Gesellschaft. Sprache ist das Produkt einer weitläufigen, erziehenden Klasse, die Deutungshoheit anstrebt. »Sprachpflege« von unten floriert in Medien, Schulen, Universitäten, Kirchen, Stiftungen, Parteien und Vorstandsetagen und Behörden. Hier verbreitet die Sprachschöpfer ein Vokabular, das sich ständig wandelt. Selbst Gutwillige wissen nicht, was gerade geboten ist: »X und Xinnen«, mit Binnen-I, Sternchen, Unterstrich oder Doppelpunkt. Wer korrekt sein will, muss aufpassen: *Colored People* war vorgestern, heute müssen es *People of Color* sein. Nur wer gerade auf dem Laufenden ist, gehört dazu. Rechts wimmelt es von →**Fake News,** →**Q-Anon** und →**Querdenkern.**

Keiner zentralen Instanz untertan, arbeiten diese Menschen im Weinberg des Zeitgeistes. Sie schneiden die Sprache zurück und pfropfen neue Schösslinge auf. Es ist Humpty Dumpty plus Wikipedia; heraus kommt ein Mobiliar für die geistige Inneneinrichtung der Nation – wie auch im Rest der westlichen Welt.

So hat das US-Unterhaus sich 2021 eine Sprachregelung verpasst, die Gender abschafft: keine »Väter und Mütter« mehr, nur noch »Eltern«. Das →**korrekte Eröffnungsgebet** für die Legislaturperiode endete mit »Amen und A-Women«; leider hat »Amen« nichts mit Geschlecht, Pardon, Gender, zu tun, sondern ist eine Bekräftigungsformel aus dem Hebräischen: »So soll es sein.«

Da die zeitgeistlichen Sprachverwalter derzeit mehrheitlich links stehen, sollte man meinen, dass die Rechte verklemmt schweigt. Falsch, siehe →**Nazis**: »Für AfD-Anhänger sind Nazis unerklärliche historische Einzelfälle aus dunkler Vergangenheit, mit denen man als Neurechter nichts, aber auch rein gar nichts zu tun hat.«

Dieses Buch versammelt Texte, die sich mit dem Teil der Sprache beschäftigen, der die richtigen Reflexe auslösen soll. In unserer Zeit wächst unaufhaltsam der Ausstoß, weshalb wir den ersten Band *Schöner Denken* schon 2007 veröffentlicht haben, angereichert mit vertrauten Versatzstücken, die das Nachdenken ersetzen, zum Beispiel: »ganzheitlich« oder »authentisch«.

Im vergangenen Jahrzehnt aber ist aus der Handarbeit am Zeitgeiste eine Fließbandindustrie geworden. »Mohrenköpfe«, zum Beispiel, sind verboten, weil »rassistisch«. Doch kommen »Mohren« von »Mauren«, nicht Schwarzen, sondern nordafrikanischen Berberstämmen.

Humpty Dumpty würde fröhlich krähen: »Das bestätigt doch meine Theorie. Ein Wort hat just die Bedeutung, die ich ihm gebe.« Es geht um die Machtfrage. »Wer soll Herr über die Begriffe sein?«

Beispiele: Früher bedeutete »Diversity« auf Deutsch »Vielfalt«; heute ist es ein inflationärer deutscher Begriff, der jeden Hochglanz-Geschäftsbericht ziert, um das richtige Bewusstsein zu zeigen und Edelsinn zu plakatieren. Die Unterscheidung M/W ist einem endlosen Geschlechterspektrum gewichen, das biologische Gegebenheiten auflösen soll.

Überhaupt Genderisierung; wo ursprünglich nur »Liebe Parteifreundinnen und Parteifreunde« waltete, schlägt das Neusprech Kapriolen. Im Jahre 2021 schaffte der US-Kongress »Väter und Mütter« ab und lässt nur noch »Eltern« zu. »Bruder und Schwester« schrumpfen zu »Geschwister« zusammen. Eine neue Sünde ist →**Kulturelle Aneignung**, wonach der Westen den »Anderen« auch kulturell ausgeraubt hätte.

Kann man sich aber eine Welt vorstellen, wo alle – schwarz, weiß oder braun – nur in ihrer eigenen Suppe rühren? Wir wären in unseren Jurten und Pfahlbauten verblödet, wenn wir nicht voneinander geborgt und gelernt hätten. Bachs Fuge ist Weltkulturerbe, Mathematik nicht nur griechisch, sondern auch indisch und arabisch. Ohne diese Ursprünge würde der Rest der Welt weder Dezimalsystem noch Logarithmus kennen.

Das Buch soll Aufklärung im klassischen Sinne liefern, aber nicht eifernd oder dozierend, sondern erhellend und vielleicht auch vergnüglich. Die Sache als solche – Lenkdenk statt Selbstdenk – ist schon ernst genug. Mal kurz, mal ausführlicher wollen wir die Phrasen und Versatzstücke aufspießen, die täglich ins Neudeutsche eindringen.

Da Begriffe das Denken formen, wie Humpty lehrt, stammt das Motto von dem französischen Künstler Francis Piccabia: »Der Kopf ist rund, damit die Gedanken die Richtung ändern können.« Unsere unerreichten Vorbilder sind Heinrich Heine und Ludwig Börne, der *Simplicissimus* und der geniale George Orwell, ein Schüler von Humpty Dumpty, der gezeigt hat, wie verordnete Sprache das Denken verformt.

Die einen wird das Buch ärgern, die anderen vielleicht erheitern. Allen aber soll es einen aufklärerischen Schubs verpassen – in bester liberaler Tradition. Unser Dank gilt all den Weinberg-Arbeitern, die uns ungefragt mit Anschauungsmaterial versorgt haben.

Josef Joffe

Achtsames Stretching – Hieß früher »Yoga«, an dem nun der Ruch des Kulturklaus hängt, weil Inder es vor ca. 3000 Jahren erfunden haben. Heute verrenken sich Menschen rund um die Welt Rückgrat, Gelenke und Muskeln im Dienste von Körper und Geist – Yoga weltweit, so wie McDonald's mit seinen »Hamburgern« und deutsches Bier, dessen Urform die alten Ägypter erfunden haben. »Was *ist ein Name*?«, fragt Julia den Romeo. »Was uns Rose *heißt*, wie es auch hieße, würde lieblich duften.« Was bedeutet: An den Etiketten zu fummeln, ändert nichts am Inhalt. Überdies: Wer »achtsames Stretching« statt »Yoga« sagt, nimmt den Indern das Copyright weg, was die bestimmt nicht schätzen. Wie die Deutschen, wenn ihr Sauerkraut (international: *Sourkraut)* »fermentierter Weißkohl« genannt würde. **jj**

Alte weiße Männer – Zum Beispiel die beiden Autoren dieses Büchleins, die ein dreifaches Kainsmal tragen: Pigmentierung, Geburtsdatum und Geschlecht – also aufgrund ihres biologischen Seins. Dieses haben die AWM dem ältesten aller weißen Männer zu verdanken, dem lieben Gott mit Rauschebart und donnernder Stimme. Wissenschaftlich gesagt: dem Y-Chromosom. Biologie, um Freud zu variieren, ist allerdings Schicksal, kein Schuldbeweis. Den kann nur die böse Tat liefern, und da haben die alten Burschen einiges auf dem Kerbholz.

Klassische Anklagepunkte sind Sklaverei, Kolonialismus, Krieg, Unterdrückung der Frau. Dafür gibt es in der Geschichte des Homo sapiens genügend Beispiele. Schauen wir dennoch genauer hin. Versklavung ist kein Monopol der AWM, sondern eine uralte Sünde, die nicht von der Hautfarbe abhängt; siehe dunkelhäutige Ägypter (»Exodus«), Azteken oder Afrikaner – Sklaventreiber überall. Frauenknechtung? Auto fahren dürfen Frauen erst seit 2018 in Saudi-Arabien, aber nur wenn züchtig gewandet. Sind nur Männer Kriegstreiber? Die Historie sagt »Nein«. Eine Shortlist: die biblische Heerführerin Deborah, die Jungfrau von Orleans, Elisabeth I. von England, die Habsburgerin Maria-Theresia, Golda Meir, Indira Gandhi, Margaret Thatcher. Nicht das Geschlecht bestimmt Verhalten, sondern die Machtposition bzw. die Verantwortung für den Staat. Wo Frauen die trugen, haben sie so interessen- und gewaltbezogen agiert wie die »Herren der Schöpfung«.

Vergessen wir aber nicht die mildernden Umstände. AWM haben die Sklaverei nicht erfunden, sie aber abgeschafft. Sie haben den Frauen das Wahlrecht verweigert, es dann aber gesetzlich verankert. Der größte Emanzipationsschub war die »Pille«, entwickelt von zwei älteren weißen Männern namens Djerassi und Pincus. Frauen sind seitdem keine Gebärmaschinen, sondern Selbstentscheider. Das belegt: AWM sind offensichtlich lernfähig, also rehabilitierbar. Daraus folgt: die kostbare Ressource nutzen, statt diese Kerle in den Suff zu treiben, wo sie randalieren und nicht mehr das Bruttoinlandsprodukt mehren. Die Jungs verdienen eine zweite Chance. **jj**

Amtliche Aktivisten – Das tadellose Image zivilgesellschaftlicher Organisationen strahlt mittlerweile so hell, dass sogar Beamte versuchen etwas davon abzubekommen. Auf Münchner Litfaßsäulen konnte man im Frühjahr 2021 eine Kampagne bewundern, die »Respekt« für städtische Bäume forderte. Bäume würde durch Baustellen beeinträchtigt, erklärten die Plakate, sie bräuchten mehr

Platz und sollten »in Würde altern« dürfen. Erfreulich, dass sich Aktivisten für das Stadtgrün engagieren. Doch Absender der Kampagne war keine Bürgerinitiative, sondern das Referat für Stadtplanung und Bauordnung, die Behörde, die für Münchens Bäume zuständig ist. Von ihr sollten Bürger erwarten dürfen, dass sie nicht Forderungen aufstellt, sondern sich um das Stadtgrün kümmert. Was kommt als nächstes? Eine Plakatkampagne der Polizei für Bekämpfung der Kriminalität? Oder eine des Oberbürgermeisters, der besseres Regieren anmahnt? **mm**

Anatomie – Eine Pseudo-Wissenschaft, die zwar nicht von weißen Männern erfunden wurde, sondern im alten Ägypten, also in Afrika. Seitdem hat sie der Menschheit nichts als Unheil gebracht. Sie beharrt wider alle Evidenz darauf, dass es im Normalfall zwei Geschlechter mit körperlichen Unterschieden gibt, und hat bis heute nicht erkannt, dass dies vollkommen bedeutungslose, zufällige Körpervarianten sind. Nach über 3000 Jahren anatomischer Überbewertung der Physis erkannte die akademische Welt im Licht der Genderwissenschaft, dass jeder Mensch sich frei entscheiden kann, ob er/sie/es weiblich, männlich oder divers ist. **mm**

Antimuslimischer Rassismus – Die beste Wortschöpfung seit Walter Ulbrichts »Antifaschistischer Schutzwall«. Skepsis gegenüber religiösen Fanatikern wird damit zum Rassenhass erklärt. Da freuen sich die Rassisten, die ihre Gewalt gegen alle andersfarbigen Menschen als heldenhafte Abwehr einer islamischen Bedrohung darstellen können. Da freuen sich die Islamisten, die Kritik an ihrer

Gesinnung gleichsetzen mit der Diskriminierung gegen Schwarze. Weniger erfreut sind religionskritische Menschen, denen konvertierte deutsche Blondbärte besonders unheimlich sind. Erstaunlich, dass die Bischöfe noch nicht auf die Idee gekommen sind, »antikatholischen Rassismus« zu beklagen, wenn sexuelle Gewalt gegen Kinder in der Kirche aufgedeckt wird.

Ähnlich verhält es sich mit dem Kampfbegriff »Islamophobie«, den iranische Fanatiker in den 1970er-Jahren erfunden haben. Wie beim »antimuslimischen Rassismus« ist der Zweck dieser Konstruktion, jegliche Kritik am Glauben zu verhindern. Das ist gut gelungen. Wer die religiöse Diskriminierung von Frauen, die repressive Herrschaft von Religionsführern, die antidemokratische und antisemitische Gesinnung mancher Prediger nicht mag, macht sich der Islamophobie schuldig. Schon die aus der Psychologie entliehene Wortkonstruktion ist sonderbar. Unter Phobien versteht man eine übertriebene Angst vor bestimmten Objekten oder Situationen – Angst, nicht Hass. Im klassischen Wortsinn ist ein Islamophober einer, der sich lediglich vor dem Islam fürchtet. Nimmt man den Begriff ernst, dann ist eine Person bereits islamophob, wenn sie eine Predigt von Ali Chamenei gruselig findet. **mm**

Antisemitische Straßenschilder – Dass der Adolf-Hitler-Platz im Berliner Westend zum Reichskanzler-, dann zum Theodor-Heuss-Platz mutierte, geht in Ordnung. Aber Säuberung ist wie Aufräumen im trauten Heim. Es beginnt mit der Entsorgung des früher hochgeliebten Flokati-Teppichs und frisst sich weiter, bis alle Böden geschliffen und versiegelt worden sind.

Nun packt der Berliner Senat mit einer Studie das korrekte Großreinemachen an. Der Titel: *Straßen und Platznamen mit antisemitischen Bezügen*. 290 sind Kandidaten für die Geschichtssäuberung. Angefangen mit »Adenauerplatz«. Denn es gibt »verschiedene Hinweise auf (dessen) antisemitische Ressentiments«. Das ist der Kanzler, der das Wiedergutmachungsabkommen mit Israel durchgesetzt und Waffen an den Judenstaat geliefert hat.

»Bismarckplatz, -straße und -allee« stehen auf der Liste. Zwar machte der sich nicht mit Judenhassern gemein und habe wohl keine »antisemitischen Äußerungen« gemacht. Aber er kannte Antisemiten und verkehrte mit ihnen. Gesichert ist: Unter seiner Regentschaft machte das deutsche Judentum gewaltige Fortschritte. Demonstrativ war Bismarck 1866 bei der Einweihung der Neuen Synagoge in der Oranienburger Straße dabei.

Verdächtig sei der nach dem englischen Dichter benannte »Byronweg«. In seiner Satire »Age of Bronze« habe er »antijüdische Motive« bedient. Der Coubertinplatz wurde benannt nach dem Erfinder der Olympischen Spiele. Seine »nationalistische Idee« soll »antisemitisch und konservativ geprägt« gewesen sein. Zwei Begriffe, ein Topf.

»Fontanestraße«: Einer der Größten der deutschen Literatur, soll der Effi-Briest-Schöpfer auch nicht koscher sein. Indes: »Ob Fontane ein antisemitisches Weltbild vertrat, ist umstritten, liegt aber zumindest nahe.« Goethe hat einen Park, eine Straße und ein Gymnasium. Er ist suspekt. Denn »in der Forschung ist von einem zwiespältigen Verhältnis zu Juden die Rede. Goethe bediente in seinen Schriften antijüdische Stereotype.« Ade »Faust« und »Farbenlehre«. Benannt nach Wilhelm II., gerät der »Kaiserdamm« auf den Prüfstand, weil er im Exil »die hebräische

Rasse« zum »Erzfeind« stilisiert hätte. Aber er kriegt mildernde Umstände, weil er sich von der Kristallnacht distanziert hatte.

Das war nur eine Auswahl aus dem Bezirk Charlottenburg, in der auch der weltberühmte Pädagoge Pestalozzi als Verdächtigter auftaucht. So geht's insgesamt 290-mal quer durch die Stadt. Richtige Antisemiten wie Richard Wagner und Carl von Clausewitz sind zu Recht dabei, um sie aber zu exorzieren, müsste der Senat weltweit die Schaufelbagger auffahren. Der deutscheste aller Komponisten müsste aus der New York Met und der Tel Aviver Oper vertrieben werden, und der Großstratege Clausewitz aus Hunderten von Seminaren und Bibliotheken.

Die Amerikaner waren klüger. Die haben den Straßen in New York und Washington hauptsächlich Zahlen verpasst (wie Fifth Ave.). Zahlen sind postkolonialistisch fast sauber, weil sie von Indern und Arabern erfunden worden sind. Dafür dräut der Verdacht der kulturellen Aneignung. Ansonsten stehen auf den Schildern liebliche Namen wie »Cherry« und »Oak Street« oder tadellose historische Figuren. Leider funktioniert dieses Modell im Kulturkampf nicht mehr.

Hoch gefährdet ist der Gründervater Jefferson, dessen Name ungezählte Straßen ziert. Nun aber steht Jefferson zur Disposition, weil er Sklaven gehalten hat. Der Tag mag kommen, da die Hauptstadt Washington umbenannt wird, weil der erste Präsident ebenfalls ein Sklavenhalter gewesen war. Dito die Ohio-Kapitale Columbus. Denn der Entdecker ist der Urvater des Kolonialismus. In Berlin gehört die Kölner Straße unter das Mikroskop der Studie. Schließlich führt »Köln« – lat. Colonia – zurück nach Rom, das den Imperialismus schlechthin verkörperte. **jj**

Antisemitismus – Früher ein Fixpunkt westlicher Kultur, der ehrbar, jedenfalls nicht anstößig war. Nach Hitler will/darf niemand ein Judenhasser sein. Folglich ist es schlimmer, jemanden einen Antisemiten zu nennen, als einer zu sein. **jj**

Apartheid – Für Rechtsidentitäre ist Apartheid weiterhin ein Ideal. Doch da der Begriff durch die Praxis in Südafrika etwas in Verruf geraten ist, sprechen sie heute lieber von →**Ethnopluralismus**. Durch räumliche Trennung soll jedes Volk nach seiner Façon selig und »Rassenschande« vermieden werden. Aber auch linke Identitäre finden die Separierung von Menschen nach ethnischen oder Gender-Kriterien durchaus wünschenswert. Sie fordern →**Safe Spaces** für Unterdrückte, die darin gemäß ihrer Identität unter sich bleiben können, ohne von weißen cis-Männern oder anderen rassistisch-sexistischen Elementen →**getriggert** zu werden. People of Color unter sich, Frauen unter sich, Transgender unter sich: Für jede Gruppe ein eigenes Homeland, und alle wären glücklich. Wenn das Pieter Willem Botha noch hätte erleben dürfen. **mm**

ARDZDF/Öffentlicher Rundfunk – Das Neun-Milliarden-Ding – so viel kosten die Öffentlich-Rechtlichen (ÖR) – ist hauptsächlich gebührenfinanziert, was nur böse Zungen als »Zwangsabgabe« diffamieren. Mit dieser Steuer wird die »Grundversorgung« alimentiert; die zehnstellige Summe begründet die staatliche Bundeszentrale für politische Bildung so: »Da der private Rundfunk auf hohe Einschaltquoten und Zuschauerzahlen angewiesen ist, werden an ihn prinzipiell geringere Anforderungen gestellt.« Die Privaten sind also für die Minderbegabten, denen höheres Kulturgut nicht schmeckt.

Das wirft drei Fragen auf.

1. Wenn es um »Grundversorgung« geht, warum sind seit 1950 aus einem Sender 21 geworden? Wachstum: 2000 Prozent. In den letzten 20 Jahren hat sich die Zahl aller ÖR-Sender (TV und Radio) verdoppelt.

2. Warum kommt die BBC, das Urmodell der ÖR, mit 10 000 weniger Angestellten und nur vier Milliarden Euro an Gebühren aus und bedient dennoch die ganze Welt mit Anspruchsvollem? Nicht nur die Doofen.

3. Warum gucken unter den Jungen nur acht Prozent ARD und fünf Prozent ZDF, während der Gesamtaltersdurchschnitt der Zuschauer bei 62 liegt? Die Kids treiben sich bei Netflix und YouTube herum. Oder drehen ihre eigenen Clips.

Das Problem ist ein öffentlich finanziertes System, das im Rundfunkrat Parteien, Kirchen und Verbänden untersteht und sich nicht unbedingt um die Kundschaft kümmern muss. Das System muss weder haushalten noch intelligente Formate erfinden, weil es nicht pleite gehen kann, sondern von den Ländern regelmäßig einen Aufschlag bekommt.

Die volkseigenen Betriebe der DDR konnten nur verschwinden, weil der ganze Staat kollabierte – als private Firmen mit überlegenen Produkten das VEB-System zerlegten. Golf statt Trabi aber geht hier nicht, weil SAT-PRORTL mit den Werbe-Einnahmen nicht gegen das staatliche Füllhorn ankommt, das auch private Reklamegelder enthält.

Deshalb spielen die Kommerziellen Seifenopern und ergraute US-Serien ab. Schade, dass die private Konkurrenz die Öffentlichen nicht anstachelt. Eher haben sich deren Unterhaltungsprogramme den Privaten angepasst, um die Quoten zu treiben.

Einen Vorteil haben die Öffentlichen aber doch: Sie ersetzen mit ihren Talkshows das Parlament. Mit einer überschaubaren Zahl von Gästen erspart es ARDZDF den Bürgern, 700-plus Abgeordneten zu lauschen. Der mühselige Demokratiebetrieb reduziert sich so auf vertraute Gesichter. Das verwirrt die Leute nicht, und deshalb kriegen die ÖR auch die nächste Tranche des Geldsegens. **jj**

Aus dem Amerikanischen – Dem unvergessenen *Zeit*-Autor Dieter E. Zimmer fiel schon 1992 eine Sprache auf, die es nur in Deutschland gibt. Das ist die amerikanische – wie in »Übersetzt aus dem Amerikanischen«, eine Floskel, die den Amis abspricht, Englisch zu parlieren. Richtig ist, dass ihr Akzent nicht dem Queen's English entspricht. Aber in diesem Sinne müssten unsere deutschsprachigen Nachbarn »Österreichisch« und »Schweizerisch« reden, was sie empört abweisen würden. In der Anglo-Welt gibt es keine Bücher mit dem lektorischen Zusatz: *Translated from the Austrian.*

Warum verweigern deutsche Sprachverwalter den →**US-Amerikanern** das Englische, das diese in der Schule lernen und im Department of English in der Uni studieren? Aus unbewussten oder bürokratischen Gründen? Subkutan mag die Zuschreibung intellektueller Rückständigkeit im Spiel sein. Etwa: Wir haben eine Kultur, die Amerikaner bloß eine Zivilisation; was sie haben, ist europäisches Beutegut →**Kulturelle Aneignung**. Also muss da ein US-Aufkleber drauf, damit die Kopie nicht mit dem europäischen Original verwechselt werde.

Das könnte aufgeraute Seelen glätten, die hier von Coke bis Netflix alles downloaden, womit die Cowboys den Planeten überschwemmen. Unser aller Onkel Sigmund nennt das »Kompensation«. Wir lassen uns zwar verführen, sind aber kultivierter und deshalb kulturell höherstehend als diese transatlantischen Sirenen mit ihrer breitmäuligen Sprache.

Den bürokratischen Impuls nennt Zimmer eine »Unart deutscher Besserwisser« (*Zeit* Nr. 44/92). Es entsteht Handlungsbedarf. Die Sprachpfleger müssten dann auch aus dem Irischen und Schottischen, Kanadischen oder Australischen übersetzen – Mundarten, deren Sound vom Queen's English so weit entfernt sind wie Canberra von Coventry. Derlei Nomenklatur wäre allerdings nicht pedantisch genug.

Um den geografischen Ursprung von Literatur mit der gebotenen Akribie zu benennen, müsste Brendan Behan »irisches Englisch« schreiben, Ionesco »rumänisches Französisch«, Joseph Conrad »polnisches Englisch« und Vargas Llosa »Peruanisch«. Bei Isaac Bashevis Singer, dem Literatur-Nobelisten, müsste es heißen: »Aus dem jiddisch-polnischen Brooklyn-Amerikanischen.« Bei dem Preisträger V.S. Naipaul: »Aus dem oxfordisch-trinidadischem Englisch«.

Indes haben sich die Amerikaner ihre linguistische Ausgrenzung selber zuzuschreiben. Die Kulturimperialisten haben uns die Weltsprache schlechthin aufgezwungen, die täglich weiter wuchert. Nennen wir sie »Bad English«, das Chinesen, Europäer, Liberianern und Kasachen verbindet. Diese schnellstwachsende Sprache der Welt ist die Rache der kulturkolonialisierten Eingeborenen, und Franzosen wie Deutsche grämt es zu Recht, dass ihre Sprachen nicht mehr on top (obenauf) sind. Die Deutschen klauen wie die

Elstern. (Wiktionary zählt über 5000 deutsche Anglizismen.)

Sie »chillen«, »checken« und »canceln«. Das amerikanische *cell phone* wird zum »Handy«, das vom englischen »nützlich« kommt und deshalb kein Amerikaner für ein Mobiltelefon hält. Der Tag ist nicht weit, da die sich für das »Übers. a. d. Amerik.« revanchieren werden, indem sie hiesiges Schriftgut mit »Translated from Deulish« oder »Denglish« – runterstufen. Wir bleiben relaxed, cool und hip. **jj**

Bayern – Die Ur-Identitären leben zwischen Donau und Alpen. Mit ihrem Slogan »Mia san mia« hatten Bayern die identitäre Weltsicht bereits verinnerlicht, bevor das Wort »identitär« in deutschen Feuilletons auftauchte. Der konsequenten Identitätspolitik des einstigen Königreichs gelang es, dass bayerische Sonderinteressen stets besonders berücksichtigt werden und bundesweite Organisationen wie die CDU oder der Deutsche Jagdverband mit einer bayerischen Extraausgabe leben müssen. Das Branding des alpenländischen Brauchtums war global so erfolgreich, dass Menschen aus Delhi, Rio oder Boston sich unter einem Deutschen eine Person in kurzen Lederhosen und Rasierpinsel am Hut vorstellen.

Wo das Brauchtum nicht ausreichte, entwickelte das Bayern-Marketing neues Bonusmaterial für Touristen, beispielsweise den Watschentanz (1907 zur Unterhaltung der Feriengäste erfunden). Der ökonomische Erfolg des bayerischen Identitäts-Branding zeigt, wie nützlich ein Sonderstatut ist, um so Sonderrechte einfordern zu können. Doch – wie so oft – gibt es auch im Falle der Bayern Minderheiten in der Minderheit, die identitär untergebuttert werden. Franken fühlen sich von »Kini-Kult« und »Jodelseligkeit« kulturell kolonisiert. **mm**

Besser sein – In einer großen Werbekampagne im Jahr 2021 behauptete ein Verbund der Handelskette *Denns* mit selbstständigen Bioläden, man würde durch den Kauf von Bio-Waren die Meere reinigen, den Regenwald retten, Hummeln schützen und Kühe glücklich machen. Steile Thesen, die in dem Appell gipfeln: »Sei Teil einer besseren Welt!« Dies zeigt, warum es bei »Bio« im Kern geht: um Distinktion. Die Autorin Ellen Daniel merkt an: Kein Mensch mit Abitur würde heutzutage noch sagen: »Wir sind etwas Besseres.« Stattdessen sagt man: »Wir kaufen nur Bio.« Das klingt ganz anders, hat aber dieselbe Funktion. **mm**

Betroffenheit – Die unter Studierenden der Geisteswissenschaften verbreitete Dogma, dass jeder die Welt nur aus einer durch Herkunft, Kultur, Gender und Hautfarbe bestimmten Perspektive sehen kann und es keine Tatsachen, sondern nur Subjektivität gibt, hatte in den späten 1970er-Jahren schon einmal Konjunktur. Das Modewort hieß »Betroffenheit«. Alle waren ständig furchtbar betroffen und plakatierten so ihre geschärfte moralische Empfindsamkeit.

Linksalternative Publikationen wie die Wochenzeitschrift *Informationsdienst* (eine Vorläuferin der *taz*) erfanden die Betroffenenberichterstattung. Das Bemühen, ein Ereignis möglichst objektiv aus unterschiedlichen Perspektiven zu betrachten, galt als bürgerliche Ideologie. Von der Räumung eines besetzten Hauses sollte ein Hausbesetzer berichten. Für einen Prozess um Demonstrationsdelikte war die ideale Berichterstatterin eine Angeklagte. Davon versprach man sich eine Gegenöffentlichkeit zur »bürgerlichen Presse«. Der Nachklang dieser Theorie wirkt noch heute, wenn Fernsehreporter fragen »Was haben Sie dabei gefühlt?« oder «Was macht das mit Ihnen?« **mm**

Bildersturm – Überall im Westen werden die Statuen der einst Großen und Verehrten vom Sockel geholt, weil die sich irgendwie des Kolonialismus, Rassismus und Imperialismus schuldig gemacht hätten. Das Vorbild von gestern ist der Übeltäter von heute. Weg mit ihm!

Das wirft ein Problem auf. Was korrekt ist, unterliegt bekanntlich dem Zeitgeist. Doch sind die Denkmäler von Jefferson, Bismarck oder Churchill erst zertrümmert oder eingeschmolzen, können deren Abbilder nicht mehr rehabilitiert werden. Nehmen wir den Fall eines gewissen Simon de Montfort, einer Schlüsselfigur in der Geschichte des englischen Parlamentarismus. Selbst gemessen an den permissiven Standards des 13. Jahrhunderts war er ein schrecklicher Judenhasser. Die Studenten der Montfort University wollen sein Standbild in Leicester kippen und die Uni umbenennen. Auftritt des US-Bildhauers Douglas Fishbone, der eine aufblasbare Statue des Schurken in einer örtlichen Galerie ausgestellt hat. Er will die Denkmäler von dubiosen Figuren überall platzieren, aber aus praktischem Grund. Sie könnten jederzeit wieder zusammengefaltet oder aufgepumpt werden, wenn sich die Fronten im Kulturkampf verschieben.

Eine geniale Idee. Wohlgesinnte müssen nicht mit der Spitzhacke anrücken, sondern nur die Luft rauslassen. Traditionalisten müssen nicht um die Zukunft des Abendlandes bangen, denn sie können die Pumpe anwerfen, wenn der Wind sich dreht. »Ach! Luft! Luft! Clavigo!« forderte Goethe. Billigen wir Montfort außerdem mildernde Umstände zu. Unter Einsatz seines Lebens hatte er Heinrich III. das erste funktionierende Parlament abgerungen. Den Antisemitismus, den wir heute zu Recht verdammen, hatte er nicht erfunden. Judenhass war vor 800 Jahren wohlangesehenes europäisches »Kulturgut«. **jj**

Biologie – Kathleen Stock, Philosophin an der University Sussex, gab ihren Lehrstuhl auf, weil sie den Shitstorm nicht aushalten konnte. Die leidenschaftliche Feministin hatte behauptet, das biologisch bestimmte Geschlecht könne nicht durch Umbenennung abgeschafft werden. Die Wut war korrekt. Wer so redet, ist »transphob«, also geistesgestört. Solche Leute gehören in eine Anstalt, zumindest in ein Umerziehungslager. Merken Sie sich die Silbe »-phob«. Damit können Sie jedes Argument gewinnen, ohne räsonieren zu müssen. Werfen sie einfach Homo- oder Islamophobie in die Debatte, und schon versinkt Ihr Gegner in Scham und Schande. »Deplatforming« – runter von der Bühne – ist die gerechte Strafe. Diffamieren ist besser als diskutieren, und »Phobie« das unschlagbare As im Spiel um die Deutungshoheit. **jj**

Bürgerrat – Von April bis Juni 2021 tagte der Bürgerrat Klima. 160 Deutsche, zufällig ausgewählt, diskutierten über 50 Stunden lang über Mittel gegen die Klimakrise (→ **Erderhitzung**), hörten sich Vorträge an und formulierten Empfehlungen. Endlich höre die Politik den Bürgern zu, lobten viele Medien diese Initiative. Auf der Website kann man die Ergebnisse nachlesen. 95 Prozent votierten dafür, dass Deutschland als globales Vorbild für klimaneutrales Leben vorangehen sollte. Dass sich wirtschaftliche Interessen der Klimarettung unterordnen müssten und der Klimaschutz ins Grundgesetz gehöre. Immerhin stehen all diese Wünsche bereits in den Programmen der Grünen. Eigentlich müssten die Grünen bei Wahlen 100 Prozent bekommen.

Während ihrer Beratungen standen den Bürgern Experten aus Wissenschaft und Wirtschaft zur Seite. 27 Kuratoren unterstützten die Konsensfindung (→**Einigkeit**). Außerdem hielten zu jeder der zwölf Sitzungen Referenten Vorträge. Sie kamen vom Potsdam-Institut für Klimafolgenforschung, dem Öko-Institut Freiburg, dem Institut für Nachhaltigkeitsforschung, Scientists for Future – und ähnlichen Institutionen, die schauerliche Klimaszenarien verkünden. Somit wurden die Bürger rundum von Gleichgesinnten belehrt und betreut. Praktischerweise hätten sich die Experten selber befragen können. **mm**

Cancel Culture 1: Man stirbt nur zweimal – 2021 wurde der große Literat Philip Roth (1933–2018) abermals begraben. Der New Yorker Verlag W.W. Norton nahm 50.000 Exemplare der Roth-Biografie von Blake Bailey aus dem Sortiment und spendete als Buße eine sechsstellige Summe an »Black Lives Matter«, die dem Vorschuss an Bailey entspricht. Der Grund: »Vorwürfe« (*New York Times*), wonach sich B. vor zwanzig Jahren an einer jungen Frau vergangen hätte, was der Autor kategorisch verneint. Andere Frauen folgten mit ähnlichem Verzug. Dazu Talleyrand: »Verrat ist immer eine Frage des Datums.«

Der Verdacht war schon der Beweis, und so verkündete der Verlag, er wüsste es zwar nicht so genau, aber hier ginge es um »*potenziell* kriminelles Verhalten«. Wir kennen das »historische Versagen unserer Nation« und sollten deshalb die »Stimmen von Frauen und diversen Gruppen hören und respektieren«. Weg mit dem 500-Seiten-Band.

Angesichts Baileys unterstellter Versündigung verhallte das Argument der Chefin des US-Schriftstellerverbandes: »Wenn ein Verlag ein Buch publiziert, glaubt er, es transportiere Wertvolles und Lehrreiches.« Solche Entscheidungen sind »kein Gütesiegel ... für das persönliche Verhalten des Autors«. Mithin: Es mag einer ein böser Mensch sein, aber er kann trotzdem wie der antisemitische Mussolini-Fan Ezra Pound die *Cantos* verfassen, die in den Literatur-Kanon eingegangen sind. Richard Wagner war kein »angeblicher«, sondern ein ausgemachter Antisemit; doch selbst selbst in Israel geben sie seinen »Ring«.

Kunst kommt von Können, nicht von Tugend. Nun aber müssen wir postum Dutzende vom Olymp vertreiben, die geklaut, gehurt, geschändet und gemeuchelt haben: Cellini, Caravaggio, Picasso, Schiele. Tolstoi hatte 300 Leibeigene, Thomas Mann war seinen Kindern ein übler Vater. Nunmehr wuchert die Schuld gar im zweiten Glied: Der große Philip Roth büßt für die angeblichen Sünden seines Chronisten. Mit der eingestampften Biografie stirbt er ein zweites Mal.

PS: W.W. Norton muss sich geschämt haben, denn es erlaubte Bailey, das Buch anderswo zu verlegen. Den Vorschuss durfte er behalten. **jj**

Cancel Culture 2 – In den 1950er-Jahren war Cancel Culture keine Sache von empfindsamen Studierenden. Im

Gegenteil: Sie protestierten dagegen. Cancel Culture ging von der katholischen Kirche aus, die damals ihre kulturelle Lufthoheit in Westdeutschland verteidigte. Canceln wurde von den Kanzeln verkündet. Kleriker, die ein paar Jahre zuvor noch für den Endsieg der arischen Rasse gepredigt hatten, erregten sich über nackte Haut im Kino und gottlose Bühnenstücke. Ihre Versuche, Film und Theater zu zensieren, endeten zum Glück meist erfolglos. 1964 wurde (ausgerechnet in Schweinfurt) die »Aktion saubere Leinwand« gegründet, eine christliche Bewegung, die die im Namen des »gesunden Volksempfindens« gegen »Schmutz und Schund« kämpfte. Ihre Empörung war ebenso grimmig wie die der korrekt denkenden Zensoren von heute. »Schmutz und Schund« blieben gelassen. **mm**

Cancel Culture 3 – In den englischsprachigen Medien findet man das Wort »Kiev« seit Putins Eroberungskrieg gegen die Ukraine nicht mehr; die Hauptstadt muss »Kyiv« heißen. Denn »Kiev« ist die Übertragung der russischen Schreibweise ins Englische, und »Kyiv« die korrekte ukrainische. Das ist die verdiente orthographische Strafe für die russischen Aggressoren.

Leider gibt es in Kyiv keine Putin-Statuen, die man niederreißen könnte wie im Westen die Standbilder von Churchill oder Jefferson, historischen Größen, denen Kolonialismus und Sklaverei angelastet werden. In Deutschland steht Bismarck unter Verdacht, habe er doch Umgang mit Antisemiten gepflegt.

»Quem ad finem«, fragten die alten Römer – wo führen selbst die besten Intentionen hin? Ins Absurde des Guten, auch ins Kabarettistische. Nach der russischen Invasion verbot der Internationale Katzenbund den Auftritt russischer Miezen im Schönheitswettbewerb. Das müsste auch für die *Russian Blues* – deutsch: Kartäuser – gelten, die überall auf der Welt schnurren und dort geboren wurden. In der US-Stadt Newark entzog der Stadtrat zwei Lukoil-Tankstellen die Lizenz, weil die unter dem Logo des russischen Konzerns Benzin pumpten. Nur gehörten die Tanken zwei braven Bürgern der Stadt. Bars in den USA servierten den klassischen Cocktail »Moscow Mule« (Wodka und Ingwer-Limo) nicht mehr; er muss »Snake Island Mule« heißen (nach der Insel, wo ukrainische Truppen 2022 die russischen Besatzer angegriffen hatten, die inzwischen wieder verschwunden sind).

In Quebec taufte ein Restaurant »Poutine« um, ein populäres Käse-Fritten-Gericht. Denn genauso wird »Putin« auf französisch geschrieben. »Chicken Kiev« – Huhn mit Käsefüllung – muss korrekt »Chicken *Kyiv*« heißen. Kanadische Schnapsläden ächteten russischen Wodka. In Deutschland wird »Gorbatschow«, ein guter Russe, überleben, aber was ist mit »Moskovskaya«, benannt nach der Kreml-Metropole? »Stolichnaya« ist out, obwohl der von einer Luxemburger Firma in Lettland destilliert wird.

Nicht so erheiternd: Die kanadische Junior-Hockey-Liga wollte keine russischen Kinder mehr aufnehmen. In der Aufwallung gegen den Putin-Imperialismus verbannte die Universität Milano-Bicocca zeitweilig einen Dostojewski-Kurs, was an die wuchernde Selbstzensur von US- und UK-Unis erinnert.

Das Wohlmeinende als Wahn. Was haben Kinder, Katzen und Kanon mit der Blutrunst eines Putins zu tun? Was der mit einer russischen Weltliteratur, deren Säulen ein gewisser »Fjodor«, kein »Wladimir«, geschaffen hat? Sodann in der Musik: Tschaikowsky, Rimski-Korsakow, Prokofjew...

In Deutschland gehören vorweg Russischbrot unters Mikroskop, sodann: Borscht, Bœuf Stroganoff und Blini. Vor allem Kaviar. Der Speisekartenkrieg lehrt den reißenden Bären Mores. **jj**

Critical Race Theory – Unwillkürlich denkt man an die »Rassenlehre« des 19. Jahrhunderts im Sinne von Gobineau und Chamberlain, welche die Überlegenheit des weißen Mannes zelebrierte und daraus ein Herrschaftsrecht über Braune und Schwarze ableitete. Heute: die moralische Minderwertigkeit weißer Männer, belegt durch Kolonialismus, Imperialismus und Ausbeutung. *Rasse ist alles.* Integration, Assimilation und Farbenblindheit seien Augenwischerei. Den giftigen Kern formuliert ein Chefideologe der CRT, Ibrahim X. Kendi, in seinem Bestseller *How to Be an Antiracist* (2019): »Nur künftige Diskriminierung kann die heutige beseitigen.«

Denn Weiße sind als solche Ausbeuter. Sie müssen ihre weißen Privilegien an der Garderobe abgeben (»*check your privilege*!«) und Buße tun. Die Welt dreht sich und kehrt zu ihrem Ausgangspunkt zurück, wo Gut und Böse eine Sache der Hautfarbe war. Das Kainsmal wechselt nur die Träger. Der liebe Gott muss was tun, um seine Kinder zu läutern. Martin Luther King, der große Vorkämpfer für Gerechtigkeit, hatte recht, als er sprach: »Rassentrennung beschädigt die Ausgrenzer genauso wie die Ausgegrenzten.« **jj**

Deutsche Gewissheiten – Ein paar Klassiker: »Frieden schaffen ohne Waffen«. »Reden statt rüsten«, »politische Probleme lassen sich nie militärisch lösen«. Solche erhabene Parolen klingen stets besser als die Wirklichkeit; spätestens seit Putins Eroberungszug gegen die Ukraine sind sie Makulatur. Putin redet nicht; er raubt. Er hat obsessiv aufgerüstet, während die Nato nach der Selbstentleibung der Sowjetunion ihre Friedensdividende einfuhr. Die deutschen Kampfpanzer schrumpften von 3000 auf 360, die Bundeswehr war zum Beginn des Krieges nicht abwehrbereit; zeitweilig waren sechs von sechs U-Booten im Dock. Und der Westen war gewarnt seit dem russischen Krieg 2008, dem der Krim-Eroberung 2014 und der Besetzung des Donbass folgte.

»Gelegenheit macht Diebe« ist die simple Wahrheit aller Staatenpolitik. Wer kriegsfähig ist, muss keinen Krieg führen; Abschreckung reicht. Wer einem Land, das um seine Existenz kämpft, Waffen verweigert, macht sich mitschuldig an dem Vernichtungsfeldzug Russlands. Das Opfer muss sich dem Gangster fügen. Jenseits der moralischen Frage bäumt sich das schnöde Eigeninteresse auf: Wer Aggressoren gewähren lässt, schärft deren Appetit auf weitere Beutezüge. Denn Putin hat noch viel zu tun, um das alte Sowjetimperium zwischen dem Kaspischen Meer und der Ostsee wiederherzustellen. Wer der Ukraine hilft, hilft sich selber. »Wenn du Frieden willst, bereite dich auf den Krieg vor«, pflegten die alten Römer zu predigen.

Die Weisheiten der Wohlgesinnten summieren sich zur Moral, die aller historischen Erfahrung trotzt. Das haben die Grünen nach dem 24. Februar 2022 erkannt, nicht aber die üblichen Verdächtigen sowie die Russlandversteher in der AfD und der Linken-Partei. Und schon gar nicht die Altvorderen der deutschen Intelligenzija. Sie forderten die Kapitulation der Ukraine. Das verklausulierte Zitat: »Zerstörung und menschlichem Leid unter der ukrainischen

Zivilbevölkerung« müssten den »Widerstand« beenden. Unterwerfung als moralisches Prinzip; Pazifismus als Todesurteil für eine benachbarte Demokratie; der Aggressor darf seine Beute einfahren.

Die Moral mancher deutscher Dichter und Denker erinnert an einen berühmten Spruch des US-Publizisten William Buckley: »Ich möchte lieber von den ersten 2000 Leuten im Boston-Telefonbuch regiert werden als von den Professoren der Harvard-Universität.« Intelligenz und Bildung schützen offenbar vor Torheit nicht. Das war nicht immer so. Denken wir an Schiller: »Es kann der Frömmste nicht in Frieden leben, wenn es dem bösen Nachbarn nicht gefällt.« Gute Zäune aber schaffen gute Nachbarn. Das spüren jedenfalls die schlichten Gemüter ohne Universitätsabschluss. **jj**

Diversity – Hieß früher »Vielfalt« und bedeutet heute nicht »Mannigfaltigkeit«, sondern »Repräsentation«. Der Sinn ist nicht das bunte Gemisch von Denken und Meinung, Streben und Tun, sondern »Wer kriegt was?«. Es geht um die proporzgerechte Verteilung materieller und ideeller Güter, also Einkommen, Macht und Status. Anwärter werden gruppiert nach Geschlecht (neu: Gender), Hautfarbe, sexueller Identität, Herkunft, Religion wie Islam, Behinderung... Um K. Marx zu verschandeln, bestimme das Etikett das Bewusstsein. Identität regiere Denken und Glauben.

Wenn da bloß nicht der Alte Adam und die Alte Eva wären. Denn wie divers auch unsere physisch-kulturellen Eigenschaften sein mögen, gesellt sich doch gern Gleich zu Gleich und weist Abweichler ab – zumal in sinnstiftenden Industrien wie Medien und Universitäten. Schon 1998 notierte der Chefredakteur der konservativen *Welt*, dass seine Leute überwältigend für Grün und Rot in einer geheimen Abstimmung votiert hätten.

Seit langem bemühen sich amerikanische Universitäten, die westlichen insgesamt, um gruppendefinierte Diversität. In den Sozialwissenschaften kamen im Professoriat auf einen Republikaner 11,5 Demokraten; im Fach Geschichte stand es gar 33 zu 1. Bei den jungen Journalisten in Deutschland, wo inzwischen systematisch Frauen und Migrationshintergründler rekrutiert werden, sah es nicht anders aus. 92 Prozent der Volontäre würden Rot-Rot-Grün wählen; die Union käme auf knapp drei Prozent.

Folglich hat »divers« (Merkmale) nichts mit »divers« (Meinungen) zu tun, nicht einmal mit Proporz, denn dieser würde den Außenseitern ein Stück des Kuchens einräumen – sagen wir x Prozent für CDU-Wähler und y Prozent für die FDP. Pfui-Parteien wie die AfD bleiben sowieso draußen, die Gerechtigkeit erlaubt keine Übertreibung des Proporz-Prinzips. Aber diesen Preis zahlen wir gern. Denn es herrscht die Eintracht, die im Gleichdenk ruht. **jj**

Dreadlocks 1 – Die auch Rastalocken genannte Frisur gehörte zur traditionellen Haartracht verschiedener afrikanischer Ethnien wie etwa der Kikuyu. Anhänger der äthiopischen Rastafari-Religion brachten sie nach Jamaika, von wo aus sie sich als multikulturelle Modefrisur global ausbreitete. In intersektionalen Kreisen wird hart darüber gestritten, wie eine Kopftracht aus wurstförmigen verfilzten Haaren politisch zu bewerten sei. 2022 wurde die Musikerin Ronja Maltzahn von Fridays for Future für einen Auftritt in Hannover zunächst ein- und dann ausgeladen, weil sie als weiße Person Dreadlocks trägt. Diese sei »eine

Form kultureller Aneignung«. Beim Kampf gegen die →**Erderhitzung** sei dafür kein Platz. **mm**

Dreadlocks 2 – Überdies haben weiße Europäer ca. 1500 v. Chr. diese in Kreta erfunden. Spartanische Krieger trugen die gezwirbelten Locken. Sie sind Weltkulturerbe. Genauso wie die Dauerwelle, die im 20. Jahrhundert von Frauen aller Farbschattierungen gedreht wurden. **jj**

Einigkeit – Sie wird in der Nationalhymne noch vor Recht und Freiheit als zu erstrebendes Ziel besungen. Es gehört zum festen Repertoire von Bundespräsidenten, Bischöfen und Leitartiklern Konsens zu rühmen und vor einer Spaltung der Gesellschaf zu warnen. Eine ökokonservative Gesinnungsharmonie eint die akademische Mittelschicht. Abweichungen werden nicht gern gesehen, kontroverse Debatten als unangenehm empfunden.

In freiheitlich-demokratischen Ländern wird Einheitsdenken nicht von Regierungen verordnet, sondern entwickelt sich aus der Zivilgesellschaft. Wenn Aktivisten, Kulturbetrieb und Medien sich wechselseitig bestätigen, übernehmen nach einer Weile auch Politiker die angesagten Meinungsstandards. Denn sie halten die Partizipationsaristokratie für eine Mehrheit. Früher oder später wird nur noch eine Sichtweise im öffentlichen Raum toleriert. Ob sie sachlich richtig oder falsch ist, spielt dabei eine geringe Rolle – es geht um Gut gegen Böse.

Das Thema Klima ist ein geradezu klassisches Beispiel für solches Einheitsdenken. Wer auch nur an einem der vielen Aspekte der Klimapolitik zweifelt, bekommt das Etikett »Klimaleugner« verpasst. Der Klimaleugner ist wie der Teufel im Mittelalter, der Trotzkist im Stalinismus oder der Kommunist im McCarthy-Amerika: eine Chiffre für das Böse – unsichtbar, arglistig und schuld an allen Übeln dieser Welt.

Die gute Nachricht lautet: Wie man an ähnlichen Wellen kritikloser Einheitsmeinung gesehen hat (Waldsterben, Tschernobyl, BSE usw.), ermüdet irgendwann das Publikum. Fragt sich nur, ob diese Regel im Zeitalter der Social Media weiterhin gilt.

Auch beim Thema Covid-19 bemühten sich einige Leitmedien, insbesondere die großen Fernsehsender, darum, eine einheitliche Sicht der Dinge zu konstruieren, wie Medienforscher der Gutenberg-Universität Mainz und der LMU München 2021 nachgewiesen haben. Die meisten Beiträge hätten einen angeblichen wissenschaftlichen Konsens hervorgehoben. Prognosen wurden häufig als gesichert dargestellt, belegte ihre Medienanalyse. Eine Tendenz, die beim Thema Klimawandel seit vielen Jahren üblich ist. Selten wird darauf hingewiesen, dass Vorhersagen von Experten durchaus nicht immer eintreffen. Auch wissenschaftliche Prognosen basieren auf lückenhaften Daten, Annahmen und vereinbarten Prämissen.

Interessanterweise kam zum Thema Covid-19 anders als beim Klima dennoch keine überwältigende Einheitsmeinung zustande. Unterschiedliche Hypothesen und Einschätzungen von Virologen und Epidemiologen zum Pandemieverlauf und den notwenigen Maßnahmen drangen zumindest in einen Teil der großen Medien vor und wurden öffentlich diskutiert. Leser und Zuschauer staunten, dass auch Wissenschaftler vieles nicht wissen und etliche Erkenntnisse unter den Experten umstritten sind. Manche regierten darauf enttäuscht oder sogar aggressiv. Gott sei Dank herrscht beim Klimathema immer noch Einigkeit.

Wir wissen genau, in welchem Zustand sich die Erde in 100 Jahren befinden wird und wie man eine Erwärmung um 1,5 Grad auf dem Welt-Thermostaten justiert. **mm**

Entschleunigung – Warum gab es 2020 und 2021 eigentlich keine Freudenfeste der Wachstumskritiker? Zwar waren Partys während des Lockdowns verboten, aber man hätte doch zumindest eine virtuelle Siegesfeier, einen Dankgottesdienst in den Social Media oder etwas Ähnliches veranstalten können. Durch Covid-19 und Trumps Protektionismus hatten die Anti-Wachstums-Advokaten alles erreicht, was sie seit Jahrzehnten fordern: 2020 gab es in Deutschland nicht nur Nullwachstum, sondern sogar Minuswachstum. Lockdown und Hygieneauflagen haben das Leben der Menschen massiv entschleunigt. Und Trumps Wirtschaftspolitik, der viele andere Regierungen folgten, bremste die Globalisierung aus. Sieg auf ganzer Linie! Doch es kam keine Freude auf. Stattdessen ist die Zahl der Zeitungsartikel und Bücher, in denen Entschleunigung und Nullwachstum angepriesen werden, deutlich zurückgegangen. Vermutlich empfinden es die Wachstumskritiker als peinlich, dass ein Virus und ein verrückter US-Präsident ihre Wünsche erfüllt haben. **mm**

Equity – Ein englischer Begriff mit diversen deutschen Bedeutungen wie etwa Eigen- oder Aktienkapital, der heute in dem Slogan »Diversity, Equity and Inclusion« als »DEI« Geschäftsberichte, Appelle und Amtssprache schmückt. Im Deutschen suggeriert Equity »Gleichstellung« oder »Gerechtigkeit«. Dies aber trifft den Kern der Sache nicht, weshalb wir die US-Vizepräsidentin Kamala

Harris zitieren. Gleichheit im klassischen Sinne, wie unter dem Gesetz, sei »nicht gut genug«, doziert Harris. Gleichheit könne früheres Unrecht nicht beseitigen, sondern werde es nur fortschreiben. Dagegen bedeute E. laut Harris: »Wir alle landen in der gleichen Position«, ob im Sinne von Macht, Einkommen oder Status. Der Zweck sei es, verschiedene Gruppen nicht nur *gleich zu stellen*, sondern in jeder messbaren Weise *gleich zu machen.* Das Ziel ist nicht Chancen-, sondern Ergebnisgleichheit. Jeder Gruppe ihre Suppe ohne Bezug auf Talent, Ehrgeiz oder Leistung.

Vor Jahrzehnten hat der deutschstämmige US-Schriftsteller Kurt Vonnegut diesem Prinzip eine dystopisch-ironische Story, »Harrison Bergeron«, gewidmet. Ab 2081 mussten drei Verfassungszusätze totale Gleichheit herstellen. Niemand dürfe intelligenter, hübscher oder agiler als andere sein. Die Schönen mussten ihr Gesicht unter hässlichen Masken verbergen. Die Hochbegabten einen Knopf im Ohr tragen, dessen Lärm ihre Gedanken durcheinanderwirbelt. Außergewöhnliche Athleten und Tänzer kriegten Bleigewichte an die Füße.

So zeugte die gute Absicht Langeweile. Der Wunsch kümmert sich nicht um Brillanz und Initiative, Freiheit und Leistung. Begabung kriegt ein Handicap aufgedrückt. Wie alle Dystopien war auch diese keine Voraussage, sondern eine Warnung. Freundlicherweise treten solche Schauergeschichten selten ein. Der Zweck ist nicht Prophezeiung, sondern Pädagogik – eine Anleitung zum geschärften Nachdenken. **jj**

Erderhitzung – Begriff von Germanisten und Journalisten, denen das Wort »Erderwärmung« zu lau klingt. Die besorgten Sprachreformer setzen sich dafür ein, dass

Deutsch endlich zu einer »klimagerechten Sprache« wird: Statt »Klimakrise« nun »Klimanotstand«. Seit der *Spiegel* 1986 auf seiner Titelseite den Kölner Dom im Meer versinken ließ, bemühen sich Sprachschöpfer um eine möglichst dramatisierende Wortwahl. Dabei klang der damals gebräuchliche Begriff »Klimakatastrophe« schon recht bedrohlich. Jetzt ist also Erderhitzung klimasemantisch korrekt.

»Es geht um die sprachliche Markierung von Dringlichkeit«, sagte Kersten S. Roth, Germanistikprofessor an der Uni Magdeburg, in einem MDR-Interview. Die Begriffe sollten »appellativ« sein und »bedrohliche Konnotate« besitzen. Schön und gut, wenn Herr Roth so spricht und schreibt oder auch der Ressortleiter Wirtschaft der *taz*, dem »klimagerechte Sprache« ein besonderes Anliegen ist. Nachdenklich macht jedoch die Begründung, die Professor Roth in dem Interview liefert: »Wenn Sie Ihr Kleinkind vor der Herdplatte warnen wollen, werden Sie kaum sagen, sie sei noch warm, sondern eben ›Achtung, die ist heiß!‹« Wer beim Gedanken an Zeitungsleser, Radiohörer und TV-Zuschauer automatisch an Kleinkinder denkt, sieht sich selbst als Erzieher – natürlich mit allerbesten Absichten. **mm**

Ethnopluralismus – Niemand will mehr Antisemit genannt werden, keiner bekennt sich mehr zum Rassismus. In der Wörterwaschmaschine des Zeitgeistes wurden die alten Hetzparolen durch neue blumige Vokabeln ersetzt, die viel netter klingen. Aus Antisemiten wurden Israelkritiker und aus Rassismus wurde Ethnopluralismus. Letzterer ist besonders beliebt bei rechtsidentitären Hipster-Neonazis. Das tolerant klingende Wort meint nichts anderes als die alte →**Apartheid**. Jeder soll bei seiner angestammten Sippschaft bleiben und sich nicht mit Fremden vermischen. Natur und Kultur haben stets solche geistigen Gartenzäune durchbrochen. Das Gegenmodell zur ethnopluralistischen Inzucht heißt »Leben«. **mm**

Fake News – Wie kam es zu den Erfolgen von Donald Trump und der Nationalisten in Europa? Die gängige Erklärung: Die dumpfen Massen gehen Verführern nur deshalb auf den Leim, weil sie auf deren »Fake News« hereinfallen. Der *Stern* verkündete das »Zeitalter der Fake News«, nur vergleichbar mit dem kulturellen Niedergang im frühen Mittelalter. Als sei es etwas Neues, dass Demagogen Lügen verbreiten. So etwas gab's ja noch nie! Schon gar nicht in Deutschland, dem Hort der Lauterkeit.

Tatsächlich ahnt sogar so mancher Fan der Trumps, Le Pens, Erdogans, Orbans und Gaulands, dass die Freiheitsfeinde Gerüchte, Halbwahrheiten und Verschwörungslegenden verbreiten. Jeder, der es wissen will, kann sich darüber informieren, wie Wladimir Putin als Leitstern der autoritären Internationale Desinformation verbreiten lässt – so wie er es als KGB-Agent gelernt hat. Aber haben wir es wirklich mit einer neuen Dimension politischer Propaganda zu tun? Wann herrschte denn diese Epoche des Faktischen, in der stets auf dem Boden der Tatsachen gestritten wurde?

- Ende des 19. Jahrhunderts in einer Blütezeit der Wissenschaft begann in Deutschland der Siegeszug der Antisemiten, einer Bewegung, die von Gerüchten und Hetze lebte und das geistige Klima schuf, welches ein halbes Jahrhundert später zum millionenfachen Mord an den Juden Europas führte.

- Anfang des 20. Jahrhunderts war Eugenik unter Intellektuellen en vogue. Sozialisten, Liberale und Konservative, darunter viele große Namen wie George Bernard Shaw und John Maynard Keynes, waren der festen Überzeugung, man müsse die Menschheit genetisch optimieren, indem man die Fortpflanzung »minderwertiger« Menschen unterbindet. Erst nachdem die Nazis die Eugenik in Form von Massenmord umgesetzt hatten, erwachten Zweifel, ob an dieser populären Lehre nicht etwas Grundsätzliches falsch sein könnte.
- Obwohl in der zweiten Hälfte des 20. Jahrhunderts die Wahrheit über die mörderischen Diktaturen in der Sowjetunion und China längst bekannt war und jeder Amerikaner oder Westeuropäer nur in die nächste Buchhandlung zu gehen brauchte, um sich über die Fakten zu informieren, wollten dennoch Millionen lieber der sowjetischen und chinesischen Propaganda glauben. Immer wieder fielen auch seriöse Zeitungen wie die *New York Times* darauf herein.
- Globale Hungersnot durch die »Bevölkerungsexplosion«, Waldsterben oder Ende jeglicher Ressourcen zum Jahr 2000: Die Untergangspropheten des 20. Jahrhunderts lagen verlässlich falsch. Dennoch zweifelten die großen Medien Deutschlands fast nie an solchen apokalyptischen Vorhersagen und verbreiteten sie eifrig.
- Nach den Terroranschlägen vom 11. September 2001 vermarkteten große deutsche Buchverlage die darauffolgende Welle von Verschwörungslegenden. Piper, Droemer Knaur, Zweitausendeins und andere nahmen die Bücher der Obskuranten in ihre Programme auf und machten ordentlich Auflage.

• Ein postfaktisches Gewitter ging über Deutschland nach dem Atomunfall von Fukushima im Jahr 2011 nieder. Die über 19.000 Menschen, die nach der Tsunami-Katastrophe tot oder vermisst gemeldet wurden, rechneten Berichterstatter, Kommentatoren und Politiker immer wieder fälschlich der Reaktor-Havarie an. Tatsächlich waren Erdbeben und Tsunamis die Massenkiller. 2018 berichtete Tokio von einem Strahlentoten.

Reichlich Fake News gab es also schon lange, bevor die Abkürzungen AfD und Pegida oder der Name Trump irgendwen interessierten. Was gern übersehen wird: Alle postfaktischen Strömungen der Vergangenheit erfassten zuerst die Intellektuellen. Gerade die gebildeten Schichten erwiesen sich besonders anfällig für Verdrehungen der Realität. Die weniger Gebildeten zogen erst nach, nachdem ihnen die angesagte Weltanschauung via Medien eingehämmert worden war. Man muss ein extrem kurzes Gedächtnis haben, um zu glauben, Trump oder Dresdener Abendlandretter hätten die Faktenmanipulation erfunden. In der vermeintlich aufgeklärten Moderne war und ist sie stets präsent. **mm**

Feministische Außenpolitik – Die FAP läuft seit Putins Vernichtungskrieg in der Ukraine durch die Gazetten, haben wir es doch mit dem blutrünstigen »Patriarchat« weißer Männer zu tun. Dagegen setzt die FAP die Herrschaft der Frauen. Sie seien weiser, sensibler, mütterlicher, kompromissbereiter und vor allem friedfertiger.

Abgesehen davon, dass mit dieser traditionellen Zuweisung kein emanzipatorisches Rollenbild gezeichnet wird, beruht die FAP auf einem Denkfehler, der sich mit Geschichtsvergessenheit paart. Der Irrtum: Die FAP verwechselt Geschlecht mit Gebaren. Richtig ist, dass Frauen fürsorglicher und friedlicher sind – kein Zufall. Jahrtausendelang konnten sie weder Außen- noch Sicherheitspolitik betreiben; sie hatten sich gefälligst zu Hause um Aufzucht und Familie zu kümmern. Wer die Macht nicht hat, kann keine Machtpolitik betreiben. Die Position in Gesellschaft und Staat formt das Verhalten.

Das galante Frauenbild ändert sich schlagartig, wenn Frauen an die Spitze gelangen. Eine kurze Auswahl aus der Geschichte.

- Die biblische Richterin Deborah hob ein israelitisches Heer aus und dezimierte die Kanaaniter.
- Boudicea sammelte 60 n.Chr. ein 100.000-Mann Heer gegen die Römer, die Britannia unterjocht hatten, und brannte Londinum (London) nieder.
- Johanna von Orleans war kein Weibchen, sondern eine Kriegsherrin.
- Isabella von Spanien vereinte ab 1492 mit ihrem Ferdinand die Iberische Halbinsel und verjagte die muslimischen Eroberer. Unter ihrer Herrschaft entstand ein Imperium in Lateinamerika. Kolonialismus ist nicht allein Männersache.
- Elisabeth I (1558–1603) betrieb klassische Gleichgewichtspolitik gegen Spanien und vernichtete die Armada des Erzfeindes. Sie erfand den englischen Kolonialismus. In ihrer berühmtesten Rede deklamierte sie: »Ich weiß, ich habe den Körper einer schwachen, zarten Frau, doch das Herz und den Willen eines Königs.« Auch wer Röcke trägt, gehorcht auf dem Thron der Staatsräson.
- Maria Theresia von Österreich führte ständig Krieg trotz der 16 Kinder, die sie gebar.

- Katharina die Große (1762–1796) war eine Vorzeige-Imperialistin. Sie verleibte sich die Krim ein, dann in den PolnischenTeilungen das größte Stück der Beute. Sie kolonisierte »Neu-Russland« rings ums Schwarze und Asow-Meer. Die Frau »friedfertig« zu nennen, hieße sie zu beleidigen.
- In der Neuzeit führte Golda Meir Israel in den Jom-Kippur Krieg 1973, als Ägypten und Syrien das Land zu überrollen drohten. Diese Frau war tougher als manche ihrer Generäle. Staatsräson und Erinnerung vereinten sich in dieser weiblichen Seele zur Gewaltbereitschaft: »Israel ist die stärkste Garantie gegen einen neuen Holocaust.«
- Indira Gandhi marschierte 1971 gen Pakistan. Das dortige Regime verlor Ost-Pakistan, heute Bangladesch; seitdem ist Indien die Vormacht in Südasien. Unter ihrer weiblichen Ägide entstand die indische Atombombe. Nicht schlecht für eine friedensbeseelte Frau.
- Margaret Thatcher, die »Iron Lady«, täuschte die Welt mit ihrer eleganten Garderobe – keine Hosen, stets onduliertes Haar. Als Argentinien 1981 die Falklands eroberte, entsandte sie die Flotte und triumphierte über 12.000 Kilometer hinweg. Manche Männer im Kabinett waren nicht ganz so mutig. Auch nicht George Bush Sen., der 1990 zögerte, Saddam aus Kuweit zu vertreiben. Legendär ist ihr Anruf bei ihm: »Du wirst doch nicht wackeln, George!«

Was lehrt dieser kurze Ausschnitt. Machtpolitik kommt von Macht, nicht aus dem Hormonhaushalt. Auf dem Thron handeln Frauen nicht anders als Männer. Dann gilt Ihre Sorge nicht der Brut, sondern dem Staat. »Weiblich« war Angela Merkels Außenpolitik nicht, es walteten kühle

Interessen. Siehe ihr stures Festhalten an der Nordstream-2-Pipeline, welche die östlichen Nachbarn umging. Gas für Deutschland statt europäischer Solidarität, wiewohl mit sanfter Stimme.

Das Fazit: Gender ist weder Schicksal noch Tugend. Wo man steht, hängt davon ab, wo man sitzt – auf dem Thron oder an der Wiege. Wie die Männer dienen Frauen an der Macht dem Wohle des Staates, wo Selbstsucht und -schutz die Politik diktieren.

Die FAP übersieht sowohl die Geschichte als auch das Wesen internationaler Politik, die weder weiblich noch männlich, sondern macht- und sicherheitsbezogen ist. Machen wir ein Gedankenexperiment und unterstellen ein weltweites Regiment der Frauen. Wer würde dann auf Kants »Ewigen Frieden« wetten, wer auf den *sacro egoismo* der Nationen? Wer auf Mutter Teresa, wer auf Maggie Thatcher? **jj**

Geflüchtete – Man liest und hört kaum mehr von Flüchtlingen. Stattdessen ist von Geflüchteten die Rede. Denn aufmerksame Sprachreiniger haben festgestellt, dass die Wortendungen »ling« oder »linge« abwertend seien und daher getilgt werden sollten. Passen Sie also auf, wenn Sie Ihrem Liebling im Frühling einen Schmetterling zeigen, dass der Häuptling der Sprachwächter dies nicht hört. Sonst ist ihr guter Ruf keinen Pfifferling mehr wert. **mm**

Genau – In den Zehnerjahren begann die virale Ausbreitung des Wörtchens »genau«, das mittlerweile fast die gesamte Deutsch sprechende Bevölkerung infiziert hat. Gleichzeitig wandelte sich die Bedeutung der Vokabel radikal. »Genau« wird seither besonders dann angewandt, wenn jemand sich besonders beliebig und ungenau ausdrückt. »›Genau‹ scheint das neue ›ähm‹ zu sein«, bemerkte treffend Jutta Ditfurth. Weiß der Redner oder die Rednerin nicht mehr weiter, wird die geistige Lücke mit einem »genau« überbrückt. Besonders gern und häufig wird »genau« im Marketing-Sprech benutzt, von Menschen, die sich für bunte Verbalkosmetik interessieren, nicht aber für Inhalte (Neudeutsch: Content). **mm**

Gendergerechtigkeit (im Schwimmbecken) – Drei Jahre lang war der Student Will Thomas von der Universität Pennsylvania unter den Letzten im Wettschwimmen. Dann wurde aus »Will« mithilfe einer Hormontherapie eine »Lia«, und seitdem schleppt er/sie die Trophäen ab – im Frauenteam der Uni. Mühelos ließ Will/Lia die Damen der Gegenmannschaft hinter sich.

Wieso der Siegeszug? Lia sieht trotz Badeanzug aus wie ein Mann. Ihre/seine Muskeln sind größer, die Lungen voluminöser als bei der weiblichen Konkurrenz. Weil es diese verdammten biologischen Unterschiede gibt, boxen Schwer- nicht gegen Leichtgewichte, dürfen Männer nicht gegen Frauen antreten. Diese hätten keine Chance, weshalb die Trennung gendergerecht und fair ist für Athletinnen mit dem Doppel-X-Chromosom.

Als Lia wurde Will zum Hai im Karpfenteich, weil er sich zum eigenen Vorteil hatte umgendern lassen. Die weibliche Chancengleichheit sinkt so auf den Beckenboden, was nicht Sinn der Emanzipation war. Aber St. Sebastian, der Schutzpatron der Sportler, wachte am Pool.

Lias Nemesis heißt Izzi Henig, ein Ex-Mann im Frauenteam der Yale-Universität. Der/die schlug sie/ihn 2022 im 100-Meter-Kraulen mit rekordverdächtigen drei Sekunden Vorsprung. Izzi bezwang Lia mit deren eigenen Waffen. Ausgleichende Gerechtigkeit – sozusagen Mann gegen Mann.

Ehrlich sind solche Siege in beiden Fällen nicht. Ziehen wir die Sache ins Absurde. Was bleibt den Frauen, wenn alle Frau sein dürfen? Da gehen sie dahin, die Errungenschaften, die sich Frauen seit der Französischen Revolution erkämpft haben. Das wäre wie im Pool: Der von Natur aus Stärkere schlägt als erster am Beckenrand an. Alle sind gleich, aber die einen gleicher als die anderen. Wie in den dunkelsten Zeiten der »Phallokratie«. **jj**

Generation Greta – Es ist seit Langem populär, Generationen zu typisieren. Neuerdings ordnet man diese nach Buchstaben: Generation X, Y und Z. Den zufällig im selben Zeitraum Geborenen werden gemeinsame Eigenschaften zugeschrieben, die sie von Älteren oder Jüngeren unterscheiden. Die Achtundsechziger waren rebellisch, die Null-Bock-Generation der 1980er-Jahre bestand aus lauter Aussteigern und in den 1990ern waren alle jungen Leute geldgeile Karrieristen, Yuppies genannt. Solche Zuschreibungen wurden durch soziologische Empirie stets widerlegt.

Ein auffälliger Teil der Jugendkulturen bekommt ein journalistisches Etikett verpasst und steht damit im Fokus der öffentlichen Aufmerksamkeit. Die Mehrheit der Gleichaltrigen wird ausgeblendet. 2021 veröffentlichte die Europäische Investitionsbank eine repräsentative Umfrage zum Thema Klima. Und siehe da: Die »Generation Greta« ist genauso fiktiv wie ihre Vorgänger. Nur 26 Prozent der Jugendlichen waren der Meinung, man müsse den Verbrauch von Kohle, Öl und Gas aus Klimaschutzgründen reduzieren

Nicht nur die Antworten der Jugendlichen passten nicht ins medial vermittelte Bild einer »Generation Greta«. Auch das Gesamtbild der ums Klima so bangen Deutschen wurde durch die Umfrage korrigiert. Demnach sind nur 15 Prozent der Deutschen bereit, für die Rettung des Klimas Verzicht zu leisten. **mm**

Generationengerechtigkeit – Klingt so sympathisch wie Nachhaltigkeit. Hat aber den Schönheitsfehler, dass niemand weiß, vor welchen Herausforderungen zukünftige Generationen stehen werden. »Alle Experten sind Experten der Vergangenheit«, lautet ein Zitat von David Ben-Gurion, »Zukunftsexperten gibt es nicht.« Diese einfache Erkenntnis sollte vor zu viel Vertrauen in zeitgeistige Prognosen warnen.

Das Bundesverfassungsgericht hat den Gesetzgeber verpflichtet, die Reduktionsziele für Treibhausgasemissionen für die Zeit nach 2030 näher zu regeln. Um die im Pariser Klimaabkommen festgelegten Ziele zu erreichen, müssten spätere Generationen immer höhere Lasten auf sich nehmen. Dadurch sei ihre Freiheit gefährdet.

Wie alle gewöhnlichen Sterblichen kennen auch die Richter nicht die Zukunft. Man stelle sich vor, in der Vergangenheit hätten Verfassungsrichter die »Rechte zukünftiger Generationen« aufgrund der damals gültigen Prognosen festgeschrieben. Dann wäre in den 1970er-Jahren den Nachgeborenen vermutlich ein Recht auf den Erhalt von Erdölreserven zugestanden worden. Denn es galt als sicher, dass die Ölvorräte bald erschöpft sein würden. Und ohne Erdöl kein Wohlstand. Seither wurden immer mehr technische Möglichkeiten zur Gewinnung von Strom, Wärme und Treibstoffen entwickelt, so dass Erdöl immer unwichtiger wird. Hätte man vor der Erfindung des Automobils Menschen befragt, was künftige Generationen brauchen, hätten diese vermutlich geantwortet: schnellere und kräftigere Pferde. **mm**

Globaler Süden – Früher sprach man von Dritter Welt, von Entwicklungs- oder Schwellenländern. Die Kriterien dafür waren nicht immer ganz klar, aber eindeutig ökonomischer Natur. In woken, postkolonialen Kreisen benutzt man mittlerweile lieber die Bezeichnung »Globaler Süden«, wo angeblich Mitmenschlichkeit und Naturverbundenheit zu Hause sind. Die Generaldirektorin der documenta 15 betonte, auf der Kasseler Kunstschau die Perspektive des »Globalen Südens« zu präsentieren. Wer gehört zu diesem »Globalen Süden« und warum? Die südliche Lage auf dem Globus spielt offenbar keine Rolle, sonst würden Australien und Neuseeland dabei sein. Nimmt man als Kriterium, dass alle Nationen darunter fallen, die unter Kolonialismus gelitten haben, fällt auf, dass einige fehlen. Denn Länder wie Polen sind nicht mitgemeint, obwohl sie vom Deutschen Reich auf brutalste Weise kolonisiert und ausgebeutet wurden. Legt man Armut als Kriterium an, funktioniert der Sammelbegriff ebenfalls nicht. Denn manche arabische Staaten werden zum »Globalen Süden« gezählt, obwohl sie reicher sind als viele Länder des Nordens, die angeblich zu den Ausbeutern gehören. Als einzige Gemeinsamkeit bleibt nur die Hautfarbe übrig, um den »Globalen Süden« zu definieren. So wie die Bezeichnung heute benutzt wird, gehören alle dazu, die afrikanisch, lateinamerikanisch, süd- oder ostasiatisch aussehen. Ein Begriff aus der Küche des woken Antirassismus. **mm**

Globalismus – Viele Menschen, die sich selbst als links oder grün verorten, plädieren für nationale Abschottung und Protektionismus im Namen der Umwelt. Das gefällt auch vielen rechten Nationalisten, die jedoch im Gegensatz zu den linken die Grenzen nicht nur für Waren, sondern auch für Migranten schließen wollen. Beide Lager haben den »Globalismus« als Grundübel ausgemacht und die »globalen Eliten« als Oberbösewichte.

Das war nicht immer so. Internationalismus war einst eine typisch linke Geisteshaltung. Das Ziel war eine globalisierte Wirtschaft, die alle Grenzen überflüssig machen sollte. Marx und Engels begrüßten die kapitalistischen Globalisierungswellen ihrer Zeit als Ouvertüre einer sozialistischen Weltrevolution. »Die Bourgeoisie hat durch die Exploitation des Weltmarktes die Produktion und Konsumtion aller Länder kosmopolitisch gestaltet. Sie hat zum großen Bedauern der Reaktionäre den nationalen Boden der Industrie unter den Füßen weggezogen«, schrieben sie. Weiter: »Die Bourgeoisie reißt durch die rasche Verbesserung aller Produktionsinstrumente, durch die unendlich erleichterten Kommunikationen alle, auch die barbarischsten Nationen in die Zivilisation.« Die beiden kommunistischen Revolutionäre betrachteten diesen Prozess als Fortschritt gegenüber nationaler Abschottung. Die Kolonien zählten sie ebenso zu den Nutznießern der Globalisierung wie die modernen Industrien.

Der Anti-Globalismus hat dagegen auf der Rechten Tradition. Sozialdemokraten galten zu Kaisers Zeiten als »vaterlandslose Gesellen«. Dies war neben ihrer Gottlosigkeit der härteste Vorwurf, den die damals Herrschenden den Umstürzlern machten. Er war ja auch nicht ganz falsch, denn Linke waren stolz darauf, Gegner jeglichen Nationalkultes zu sein, und ihr Kampflied hieß nicht umsonst »Die Internationale«.

Später, nachdem Stalin Vaterland und Nation wieder feiern ließ, trug man den Internationalismus zu Grabe. In den Ostblockstaaten wurde »Kosmopolit« zum Schmähbegriff für politisch missliebige Genossen und gleichzeitig zur Chiffre für »Jude«. Nach einem kurzen Aufleben des Internationalismus in der westlichen Linken protestierten Linke (aber auch Braune) ab den 1990er-Jahren wieder gegen Globalisierung und Globalismus. **mm**

Googlesprech oder: Inklusive Sprache für Computer

George Orwell brauchen wir nicht mehr, auch nicht den »Großen Bruder«, den Staat, der Sprache verfügt und verbietet. Das tun jetzt Google und andere Digi-Konzerne mit ihren Anweisungen für Programmierer, die inklusive Sprache verordnen. Warum? Software dürfe nicht die Gefühle von sensiblen Entwicklern verletzen, die sich an herabsetzenden Begriffen reiben könnten.

Logisch, dass Hammerwörter out sind, die bislang Standardsprache der Techies waren, zum Beispiel: »*master/slave*« und »*whitelist/blacklist*«. »Sklave« erinnert an übelste Zeiten, und »blacklist« – auf die schwarze Liste setzen – kränkt hochpigmentierte Menschen. Die vertraute »black box« ist zumindest verdächtig. »Senioren«, ob schwarz oder weiß, geht auch nicht, weil das irgendwie abwertend ist. Folglich muss der »ältere Erwachsene« her. Ersetzt wird die »ältere« durch die »frühere Version« eines Programms.

Ein Klassiker der Programmierer und Statistiker, die *dummy variable*, muss weg, weil das Wörtchen »dumm« drinsteckt. Auch »veränderliche Größen« (der deutsche Begriff) haben Gefühle. Jetzt muss es »Platzhalter« heißen, Pardon, »Platzhalter:in«. Unübertroffen ist das unkorrekte »Smartphone«. Denn ein »cleveres« Handy beleidigt alle Geräte, die nicht ganz so schlau sind. Die unsensible Sprache kränkt mithin auch Maschinen.

Hippe Programmierer, die gern mit Begriffen spielen und neue erfinden, werden es hinnehmen, weil Inklusion wichtiger ist als fantasievolle Sprache. Aber es gibt noch viel zu tun. Wieso trägt ein Rechner einen männlichen Namen wie »Mac«? Wieso ist die »Maus« dagegen weiblich? Weil sie von klobigen Männerhänden geschoben und gedrückt wird? Das signalisiert die traditionelle Unterordnung von Frauen als dienende Geschöpfe. Vorschlag: »Zeigegerät«, was sächlich und gendergerecht ist.

Fügen sich die Jungs nicht, werden sie zwecks Läuterung in der »black box« eingesperrt, in den schwarzen Kasten, der fürderhin korrekt »lichtloser Behälter« heißen müsste, auch wenn der sechs und nicht nur zwei Silben kostet. **jj**

Gott – Ein schwieriger Fall. Progressive Theologinnen finden, dass »der« Gott Frauen ausgrenze. Also möge man »ihn« weiblich, zumindest sächlich machen. Das wirft ein Problem der Erkenntnis auf. Denn diese Gestalt gibt es nicht, Gott ist entkörpert und unsichtbar; folglich hat er/es/sie kein Geschlecht. Die Juden, die ihn erfunden haben, geben ihm nicht mal einen Namen, der auf das Geschlecht schließen ließe. In der hebräischen Bibel taucht bloß tausendfach YHVH auf (christl. »Jehova«), was

Juden nicht aussprechen dürfen. Es gibt nur endlose Umschreibungen, die von totaler Ehrfurcht zeugen. Also: Wer sind wir Würmer, dass wir Gott einen Namen zuteilen? Von sich selber sagt Gott: »Ich bin, was ich bin.« »Was« ist geschlechtslos.

Im Hebräischen gibt es auch keine Artikel, nur das genderneutrale *ha,* im Englischen bloß das alles abdeckende *the*. Wie sollen wir es machen? »Die« Gott, »das« Gott? Und was ist mit Jesus Gottessohn? Klar männlich. Die Theologie beginnt zu kokeln, wenn Christen Jesus den »Sohn« wegnähmen, einen zentralen Begriff des Glaubens. Die Juden haben das generelle Problem vor ca. 3500 Jahren erahnt und lauter coole Frauen in ihre Heilige Schrift eingebaut: die Stammesmütter Sarah, Rebecca, Rachel und Lea. Dazu die Richterin und Heerführerin Deborah. Ruth und Esther kriegen ein eigenes Buch in der Bibel. Die Abkunft bestimmen nicht die Väter, sondern die Mütter, was diesen erkleckliche Macht zuschanzt. Ganz fromme Juden nennen Gott nur *ha-Schem* – »der Name«. Kurz, praktisch und gut – und ohne grammatisch-linguistische Fallstricke wie diese gendergerechte Neufassung des christlichen Gebets: »Vater unser, der du bist unsere Mutter.« Vater ist gleichzeitig Mutter? Klingt wie 2 plus 2 gleich 5. **jj**

Haltung – Einst lernten angehende Journalisten, ihre politischen Loyalitäten streng von ihrer Berichterstattung zu trennen. So forderte es jedenfalls das Berufsethos, das freilich schon immer nur theoretisch für Partei-, Kirchen- und Standes-Blätter galt. Das Gebot der Distanz wankt nun überall. Heute lernen die Zöglinge, sich »einzubringen«, ihre Gefühle einzurühren. Sie wollen vor allem auch die richtige Haltung beweisen, also das Gute transportieren und das Böse konterkarieren. Die Haltung entspricht der Ausrichtung der Publikation. Links von der Mitte spiegelt sie Antikapitalismus, Genderbewusstsein und Klima-Angst. Weiter rechts plädiert ein kleiner Teil der Medien für Marktwirtschaft, Westbindung und Wachstumspolitik.

Traditionsliberale verlieren bei so viel Haltung den Halt. Auch vernünftige Abweichler aller Art landen im Gericht der sozialen Medien, wo jedermann sein eigener Verleger sein kann. Die Leser, die in den etablierten Medien auf Überraschung hoffen, kriegen das Vertraute serviert, das sie in ihrer Meinung bestärkt. Oder sie langweilen sich. **jj**

Hass – Quizfrage: Aus welchem Milieu kommen die folgenden Leserzuschriften? »Ich wünsche mir, Sie verrecken in den Folgen ihres Größenwahns in Form einer Krebserkrankung. Ich empfinde mit jedem dreckigen Penner, mit jedem Verzweiflungstäter, mit jedem Vergewaltiger mehr Mitleid als mit Ihnen… Sie sind es wert, in die Hölle zu kommen.« »Dem Autor und seinen Sinnesgenossen wünsche ich, dass ihm die nächste Wurst zünftig im Halse stecken bleibt.« »Was uns bleibt, ist die Hoffnung, dass der Autor sich in seinem verfranzten Argumentationsgestrick so verheddert, dass er sich irgendwann in naher Zukunft darin erdrosseln wird.« »Ich glaube du wurdest als gentechnisches Arschloch manipuliert. Friss Bio oder verreck an deinem Scheiß.«

Kaum ein Tag vergeht, an dem nicht vor Hass gewarnt wird. Die Innenministerin, Bischöfe und Intendanten fordern Widerstand gegen Hass. Als Brutstätte wird zumeist der Rechtsextremismus genannt. Gelegentlich spricht man auch über islamistischen oder linksradikalen Hass. Nur grünen Hass gibt es scheinbar nicht. Obige Zitate sind eine kleine Auswahl aus E-Mails, die Autoren zugeschickt bekamen, nachdem sie kritisch über grüne Politik geschrieben hatten.

Wie kann eine Weltanschauung, die sich ums Wohlergehen des Planeten sorgt, Hass hervorbringen? Ist der typische Öko nicht ein sanfter Vegetarier, dem Aggression fremd ist? Leider nein. So wie der rechtsradikale Wüterich sich als Opfer einer »Umvolkung« empfindet, durch die ihm kosmopolitische Eliten die Heimat rauben wollen. So betrachtet der grüne Wutbürger sich selbst als »→**letzte Generation**«, deren Leben von Klimaleugnern, Neoliberalen und Wachstumsfetischisten bedroht wird. Beide handeln in Notwehr. Da darf man schon mal zur verbalen Keule greifen.

Dass auch Ökos gelegentlich weitergehen und es nicht bei sprachlichen Entgleisungen belassen, wird gütig vergessen. Während die Mordtaten von Neonazis, Islamisten und RAF im öffentlichen Gedächtnis präsent sind, erinnert sich kaum jemand an die Fälle von Terrorismus aus dem radikalen Öko-Milieu.

In den 1990er-Jahren verschickte der »Unabomber« in den USA Briefbomben an sogenannte »Umweltzerstörer«. Drei kamen ums Leben, 23 wurden verletzt. Der holländische Politiker Pim Fortuyn wurde 2002 von einem Tierrechtler erschossen.

Die Proteste gegen den Bau der Startbahn West am Frankfurter Flughafen endeten in den Achtzigern mit drei Morden – zwei an Polizisten. Der hessische Wirtschaftsminister Karry erlag einem Attentat, das die Terroristen mit seiner Verantwortung für die Rodungen begründeten. Hinzu kommen Hunderte Fälle von Brandstiftungen, Anschlägen auf Züge und Sprengungen von Strommasten. Es sind nicht immer die anderen, die hassen. Es gibt den Hass auch als Öko-Produkt. **mm**

Hufeisentheorie – Ein für manche Leute äußerst provokantes Konzept. Es vergleicht die Extremisten beider politischen Pole mit den Enden eines Hufeisens, die aufeinander zulaufen. Der Gedanke Rechten nahezustehen, ist für viele sich links Fühlende so verboten wie Leberwurst für Vegetarier. Doch bestätigen Geschichte und Gegenwart die Hufeisentheorie. En klassisches Beispiel ist der Hitler-Stalin-Pakt.

Davor die gemeinsamen Aktionen von NSDAP und KPD gegen die Weimarer Republik, gefolgt von massenweisen Übertritten deutscher Kommunisten zu den Nazis. Das linksrechte Hufeisen zeigt sich auch in der Gegenwart recht deutlich, angefangen von der Koalition der griechischen Linkspartei mit Faschisten bis zur Putin-Verehrung durch AfD und Teile der Partei Die Linke.

Besonders gespenstisch funkelt das Hufeisen in den Biografien prominenter linker Wortführer aus der Achtundsechziger-Bewegung, die im 21. Jahrhundert dutzendweise zur völkischen Weltanschauung konvertierten. Neurechte wie Frank Böckelmann, Günter Maschke, Reinhold Oberlercher, Bernd Rabehl und Rolf Peter Sieferle waren einst prominente Genossen Rudi Dutschkes. Auch *Konkret*-Gründer Klaus Rainer Röhl wendete sich im fortgeschrittenen Alter stramm nach rechts. APO-Anwalt und RAF-Gründer Horst Mahler verehrt mittlerweile Hitler. Der ewige Provokateur Dieter Kunzelmann blieb zeitlebens Antisemit.

Alles Sonderfälle? Oder ist die Hufeisentheorie gar nicht so unterkomplex, wie ihre Kritiker behaupten? »Die Extreme berühren sich«, sagen die Franzosen. Das gilt leider für die politischen Ränder aller Demokratien. **mm**

Identitäre (links) – Vieles, was sich heute links nennt, war einmal weit rechts. Die Identitäre Linke, auch Kulturlinke oder Lifestyle-Linke genannt, entsorgte die Klassenfrage und den Fortschrittsgedanken und übernahm dafür identitäre Denkweisen, die noch vor einem halben Jahrhundert zum geistigen Fundus von Blut-und-Boden-Ideologen gehörten. Eine kurze Liste linksidentitärer Haltungen aus dem Fundus der alten Rechten:

Antiglobalismus
Die Natur als Ideal
Glaube an den Weltuntergang
Abwertung von Wohlstand und Wachstum
Für Verteuerung von Lebensmitteln und Energie
Herkunft, Hautfarbe und Geschlecht als Norm für die Einteilung von Menschen
Technikfeindlichkeit (Atomkraft, Pflanzengentechnik)
Verbrüderung mit religiösen Reaktionären (speziell Islam)
Relativierung des Völkermordes an den Juden, die ihn in eine Reihe mit den Verbrechen der Kolonialmächte stellt

Noch vor zwei Generationen waren dies Positionen von antimodernen Denkern wie Ernst Jünger, Martin Heidegger, Konrad Lorenz oder Armin Mohler. Sie haben sich aus ihren Gräbern erhoben und sind als woke, gendersensible Ökoaktivisten und Postkolonialisten wieder lebendig. **mm**

Identitätsklau – Einst, als »woke« noch unbekannt und »Identität« ein rechter Topos war, gab es den ironischen Begriff »Arbeiteradel«. Linken Intellektuellen war es oft peinlich, aus kleinbürgerlichen oder bourgeoisen Elternhäusern zu stammen. Manch einer schummelte seine privilegierte Herkunft in eine proletarische Legende um. Doch das waren Randerscheinungen, kein Vergleich mit den 2020er-Jahren, in denen Identität in die Bühnenmitte gerückt ist.

Der Haken: Eine Herkunft kann man sich nicht kaufen, sondern sich nur selbst basteln, wie man an den Menschen sieht, die sich in Reinkarnationsritualen neu erfinden, um ihre Besonderheit zu zelebrieren: Prinzessinnen, Ritter. Zauberer, Hexen... Obwohl doch 99 Prozent der Bevölkerung damals als Kleinbauern, Knechte oder Mägde ihr Leben fristeten.

Vergangene Identitäten zu erschummeln ist relativ einfach. Wie aber eine heute angesagte Identität bekommen, die Aufmerksamkeit und moralische Überlegenheit verschafft? In den USA wurden Rachel Dolezal und Jessica Krug bekannt, die beide an Universitäten Schwarze Kultur lehrten und als Aktivistinnen gegen Rassismus kämpften. Bis herauskam, dass sie Töchter weißer Eltern sind, hatten sie sich als Afroamerikanerinnen ausgegeben. Ihre körperliche Wiedergeburt unterstützten sie mit Bräunungsmitteln und Haarstyling.

Im Akademikermilieu Amerikas sorgten der Identitätsklau für helle Empörung. Denn anders als beim Geschlecht ist es in woken Kreisen nicht erlaubt, die ethnische Herkunft zu wechseln. Transfrauen sind Frauen, Trans-Schwarze sind Betrügerinnen.

Im deutschsprachigen Kulturraum gibt es noch keine Trans-Schwarzen, dafür Menschen, die sich zu Juden machten. Die vermeintlichen Juden Binjamin Wilkomirski, Wolfgang Seibert und Moshe Peter Loth suchten die Öffentlichkeit als Bühne.

Die Stenotypistin Karin Mylius brachte es in der DDR mit Unterstützung der SED zur Vorsitzenden der jüdischen Gemeinde Halle. Tragisch endet die Scharade der Historikerin Marie Sophie Hingst. Als ihre erdichtete Identität aufflog, nahm sie sich das Leben. Die Lehrerin Irena Wachendorf wurde als Anti-Israel-Aktivistin bekannt und betonte dabei stets Jüdin zu sein. Wie sich später herausstellte, war ihre Mutter christliche Hausfrau und keine Auschwitz-Überlebende; ihr Vater war kein Rabbiner, sondern Wehrmachtsoffizier.

Was lernen wir daraus? Erstens: Welche Identitäten besonders begehrt sind, hat sich gedreht. Jedenfalls ist heute kein Fall bekannt, wo ein jüdischer oder schwarzer Mensch den blonden Arier gab. Zweitens: Es hat keinen Sinn, sich eine Identität zu backen. Emanzipation besteht darin, auf Identität zu pfeifen. Es gilt der Satz des deutsch-israelischen Unterhaltungskünstlers Gad Granach: »Ich weiß nicht, warum Menschen immer ihre Identität suchen müssen. Mir haben sie gesagt, wie ich heiße, das hat mir vollkommen gereicht.« **mm**

Intersektionalität – Akademische Bezeichnung für die altbekannte Tatsache, dass Menschen mehreren Minderheiten angehören und daher aus unterschiedlichen Gründen diskriminiert werden können, die sich addieren: aus Rassismus, Sexismus, Transphobie… Ein klassischer Fall wäre eine muslimische »Person of Color« mit Migrationshintergrund. Viele aktiv Diskriminierende haben jedoch das Konzept noch nicht ganz verstanden. Sie pöbeln oder prügeln weiterhin völlig unreflektiert allein der Hautfarbe wegen. Aber auch die Anhängerinnen des intersektionellen Denkens stehen zuweilen vor schweren Entscheidungen. Wenn zum Beispiel ein gewalttätiger Mann polizeiliche Repression erfährt. Dann kann das zu Recht geschehen, wegen →**toxischer Maskulinität.** Handelt es sich jedoch um eine »Person of Color« und zudem mit Migrationshintergrund, ist die polizeiliche Maßnahme intersektionelle Diskriminierung. **mm**

Jüdinnen und Juden – Deutsche tun sich schwer mit dem Wörtchen »Jude«. Anders als »*Jew*« (engl.) oder »Juif« (frz.) hängen an dem Begriff üble Assoziationen aus Nazi-Zeiten. (Heute beschimpfen sich Schulhof-Kids gegenseitig als »Juden«.) Deshalb hält der deutsche Sprachgebrauch lauter verklemmte Umschreibungen parat: »Kind jüdischer Eltern«, »jüdischer Herkunft«, »von den Nazis vertrieben...«

Im Duden Online steht sogar eine Warnung. »Gelegentlich wird Jude (wegen der NS-Vergangenheit) als diskriminierend empfunden.« Also müsse z. B. »jüdischer Mitbürger« her.

Nun geht es endlich korrekt zu: Den etwas peinlichen »Juden« ersetzen gendergerecht »Jüdinnen und Juden«. Dass Nazis und andere Judenhasser je zwischen W und M unterschieden hätten, ist nicht verbrieft. Vertrieben, verschleppt und vernichtet wurden Juden als solche. Jüdinnen nicht »ausgegrenzt«, Kinder auch nicht.

Es wächst der Handlungsbedarf. Um auf die Allmacht der Juden anzuspielen, muss es korrekt heißen: »Weltjüdinnentum und Weltjudentum«. Dito: »jüdische Spekulantinnen und Spekulanten«. Fassbinders »Die Stadt, der

Müll und der Tod« gehört aufgefrischt. »Und Schuld haben die Jüdin und der Jud', weil sie und er uns schuldig machen.« Rollt nicht mehr so gut, ist aber genderlinguistisch korrekt.

Und weiter zurück in die deutsche Geschichte. Heinrich von Treitschkes berüchtigter Satz, den die Nazis aufgenommen haben, muss nun korrekt heißen: »Die Jüdinnen und Juden sind unser Unglück.« Es ist auch genderungerecht, dass auf den gelben Schandflecken, die Israeliten unter den Nazis tragen mussten, bloß das männliche »Jude« stand. Dadurch wurden jüdische Frauen zurückgesetzt. Ebenso durch »Judenschwein«, statt korrekterweise »Jüdinnensau«. Heute müssen auf der anderen Seite »Antisemiten« zu »AntisemitInnen« werden. Freilich wird das große Binnen-I leicht überhört. So bleiben nur »Innen«, also weibliche Böslinge übrig, richtig: Böslinginne. Das ist kein Gewinn für Frauen, aber der Preis der linguistischen Gleichberechtigung. Einen Trost haben sie doch. Wo verwerfliches Verhalten angeprangert wird, sind es immer noch Männer – wie in »Volksverräter«, »Kriegshetzer« und »Kinderschänder«. **jj**

Kartoffel – Mal abfällig gemeinter, mal freundlich-ironischer Begriff für Deutsche ohne Migrationshintergrund. Wobei man sich fragt, ob die Knollenfrucht als Symbol glücklich gewählt wurde. Denn schließlich hat sie selbst Migrationshintergrund und kam aus Amerika über Spanien und die Niederlande nach Deutschland. Damals ohne Risikoanalyse. Die Vorbehalte der kartoffelskeptischen Bauern erinnern an die heutigen Ressentiments gegen Pflanzengentechnik.

Schließlich haben die Fürsten die Ami-Knolle gegen den bäuerischen Widerstand durchgesetzt, und sie wurde ein beliebtes Nahrungsmittel. Heute kennt man sie auf der ganzen Welt. Deutschland nimmt einen bescheidenen sechsten Platz unter den Kartoffelnationen ein. Nummer eins ist China, gefolgt von Indien. Mehr Migrationshintergrund geht kaum.

Gerade dies prädestiniert die Kartoffel als Charakterisierung der Deutschen. Denn die alteingesessene Bevölkerung zwischen Flensburg und Berchtesgaden stammt größtenteils nicht von germanischen Stämmen ab, sondern hat migrantische Wurzeln. Kaum ein Volk der Erde ist so bunt gemischt. Völkerwanderung, Eroberung, Besatzung (von den Römern bis zur Roten Armee), Vertreibung und immer wieder Kriege sorgten dafür, dass nur noch die wenigsten Bewohner der Mitte Europas Abkömmlinge von Teutonen, Kimbern, Cheruskern sind. So betrachtet sind die Deutschen tatsächlich die Kartoffeln unter den Völkern. **mm**

Katzengoldene Klischees – Die erste von George Orwells Regeln des guten Schreibens lautet: »Verwende niemals eine Metapher, ein Gleichnis oder eine andere Redewendung, die Du gewohnt bist, in gedruckter Form zu sehen.«

Das sind Plattitüden, Worthülsen, vorgestanzte Formeln, Begriffe, die über die Lippen perlen. Füllwörter im wahrsten Sinne des Wortes, welche Gedanken verhüllen, statt sie zu präzisieren.

Es folgen beliebte Phrasen, die vernebeln, statt erhellen.

1. »Auf Augenhöhe«: Der kleinwüchsige Napoleon brauchte sie nicht, um Kaiser zu werden.

2. »Aufrechter Gang«: bitte nicht im Kugelhagel.

3. »Nachhaltigkeit«: fünfmal mal pro Seite im Hochglanz-Geschäftsbericht.

4. »Sinnhaftigkeit« (*Purpose*): tiefsinnig und so gehaltvoll wie Wassersuppe.

5. »Corporate Responsibility« (Sozialverantwortung): Veredelung von Profitstreben.

6. »360-Grad-Feedback«: Zuckerguss für einsame Vorstandsbeschlüsse.

7. »Problematisch«: Schutzschild für Redner, die sich nicht trauen, »falsch« zu sagen.

8. »Ich würde sagen«: mich nicht festnageln; einen Tick besser: »Ich sach' mal« (Gerhard Schröder).

9. »Liebe Parteifreundinnen und Parteifreunde«: Gendersprech verschafft fünf Sekunden, um sich eine Binse auszudenken.

10. »Von daher«: Einst Fußballerdeutsch, heute die Regel, statt »deswegen«, »also« oder »folglich«.

11. »Proaktiv«: doppelt-gemoppelt; »aktiv« reicht; dito »programmiert«, statt »vorprogrammiert«.

12. »Ich bin motiviert«: Was sonst, wenn man sich um einen Job bewirbt?

13. »Ich bin teamfähig«: ein Herdentier.

14. »Zeitfenster«: Kann man da durchspringen?

15. »ganzheitlich«: Ich kümmere mich nicht um das Wesentliche.

16. »Projekt auf den Prüfstand«: Hoffentlich schlackern die Achsschenkelbolzen nicht.

16. »Zukunft gestalten«: Ich weiß nicht, wie.

17. »Reformstau«: Morgen wird alles besser.

18. »Transparenz«: Wie »Transparentpapier«, das keinen Durchblick gewährt.

19. »Innovativ«: Allerweltswort aus dem Englischen, statt »erfinderisch« »bahnbrechend«, »schöpferisch« oder »vorwärtsgerichtet«.

20. »Klartext«: Der kommt nicht.

21. »Im Interesse der Menschen«: Gleich tanzen wir den Strauß-Walzer »Seid umschlungen, Millionen«.

22. »Schnell und unbürokratisch handeln« (nach Brückeneinsturz). Übersetzung: »Ein Aufsichtsversagen der genehmigenden Behörde liegt nicht vor. Die Finanzaufsicht hat rechtzeitig auf Probleme bei der Vergabe hingewiesen.« (Mit Dank an Hamburgs Bürgermeister Ole von Beust nach seinem Abschied.)

23. »Umfassend, ohne Ansehen der Personen die Ursachen aufklären.« Ich bin unschuldig.

24. »Ehrliches Wahlergebnis«: Die Wähler haben sich geirrt.

25. »Vertrauen der Bürger gewinnen«: Die anderen haben geschummelt.

26. »Ehrlich machen«: Wir haben zu viel versprochen.

27. »Große Aufgaben in diesem Land und der Welt«: Über Kosten und Verzicht reden wir später.

28. »Friedensmacht Deutschland«: Wir halten uns raus. Siehe auch »Kultur der Zurückhaltung«.

29. »Berechenbarkeit«: Wir machen so weiter.

30. »Deutsche Leitkultur«: Richtig: »*Leitzkultur*«. **jj**

Kindergarten-Cop – Dieser liebenswerte Bulle fliegt raus. In dem gleichnamigen Film von 1990 spielt Arnold Schwarzenegger, damals noch kein alter weißer Mann, einen Polizisten, der sich als Erzieher in einen Kindergarten einschleicht, um einen Drogendealer zu fangen. Ein Kino in Portland, Oregon, verbannte den Film 2020 von der

Leinwand, nachdem wachsame Menschen ihn als Pro-Polizei-Propaganda entlarvt hatten.

Denn dieser scheinbar harmlose Klamauk transportiere eine mörderische Message, twitterte eine Aktivistin. Überhaupt nicht »unterhaltsam« sei ein Film über die »Polizei-Präsenz in Schulen«, wenn »routinemäßig Fünf- und Sechsjährige in Handschellen« auf die Wache geschleppt werden. »Die Kriminalisierung von Kids wächst dramatisch, wenn Cops in Schulen postiert werden.« Egal wie herzig, seien Polizisten grundsätzlich Rassisten, die Dunkelhäutige umbrächten – keine Vorbilder für gutgläubige Kitaner.

Als nächster fliegt Super-Cop Bruce Willis raus. In der Filmserie *Stirb langsam* hat er fünfmal sein Leben eingesetzt, um die Welt von massenmörderischen Halunken zu retten. Dann kommt der schwarze Polizist Eddie Murphy auf den Index. In *Beverly Hills Cops* hat er mit seiner *Browning Hi-Power* und frechen Sprüchen dreimal eine Verbrecherbande zerlegt.

Gefeuert wird Danny Glover, ein Afroamerikaner, der zusammen mit Mel Gibson (weiß) in *Lethal Weapon* die Bad Guys abräumt. Ob schwarz oder weiß, Bulle bleibt Bulle, der dem Polizeistaat dient. Kids dürfen sich nicht von Heldentum und Selbstlosigkeit täuschen lassen. Hinter der Fürsorge lauert das Böse.

Erwachsene auch nicht. Auf der Webseite *Screenrant* werden die »20 Best Cops in Movie History« aufgelistet, die Edlen, »die nie schlafen und sich nie bestechen lassen«. In Wahrheit sind es kaputte Typen, die erst schießen, dann nachfragen. Wölfe in Uniform. **jj**

Kita – »Kindergarten« ist eines der schönsten deutschen Wörter. Gemeuchelt wurde es von »Kita« – Kindertagesstätte. Der »Kindergarten« blüht rings um die Welt in vier Dutzend Ländern. Als Lehnwort – *Kindergarden* – im Englischen. Wörtlich übersetzt z.B. im Spanischen als *jardin de infancia* oder *gan jeladim* im Hebräischen, wobei »gan« Garten bedeutet und »jeladim« Kinder.

Im Garten blüht und wächst das Kind, Kindertagesstätte ist Bürokratensprech, was allerdings menschlicher ist als die »Kinderbewahranstalt« des 19. Jahrhunderts. Kita erinnert an »Budo«, die Butterdose der Wehrmacht. Womöglich weckt Kindergarten unkorrekte Assoziationen, werden die lieben Kleinen dort wohl von oben gewässert, von mächtigen Händen gestutzt, in ihrer Autonomie beschnitten.

Doch was gibt es Schöneres als einen Garten mit seiner Pracht und Vielfalt, dem Grünen und Bunten – Kernbegriffen des progressiven Denkens. Hier wird gehegt und gepflegt. Dagegen suggeriert Kindertagesstätte bewachte Aufbewahrung mit Mittagsschlaf und veganen Würstchen.

Deshalb ein kulturnationalistischer Appell. Amis, Chinesen, Engländer, Israelis, Spanier, Mexikaner haben sich in ihrer kulturellen Anmaßung eines unserer liebreizendsten Wörter angeeignet. Holen wir unser geistiges Eigentum zurück. Oder zwingen die Räuber, Lizenzgebühren zu zahlen. **jj**

Klimagerechter Nachtkampf – Bei der Abschlussfeier der Marine-Akademie in Annapolis fragte Joe Bidens Vizepräsidentin Kamala Harris die frischgebackenen Offiziere: Würde eine Marine-Soldatin »nicht lieber ein eingerolltes Solarpanel bei sich tragen als ein Zwanzig-Pfund-Batteriepaket? Ich bin sicher: die Solarmatte.« Schade, dass im Nachtkampf keine Sonne scheint. **jj**

Korrekte Namen in Zeiten der Corona – »Nomen est omen« reimten die Römer. Heute heißt es »nomen est stigma«. Deshalb hat die Weltgesundheitsorganisation WHO verfügt, Virusvarianten nicht mehr nach dem Entdeckungsort zu benennen – wie »Zika«, »Ebola« oder »West-Nil«, geschweige denn »Wuhan«. Das sei »herabwürdigend und diskriminierend« für Afrikaner und Asiaten. Folglich heißen nun Virus-Varianten nach dem griechischen Alphabet: Alpha, Beta, Gamma, Delta, Omikron...

Es gibt viel zu korrigieren. Weg muss das »Rocky Mountain Fieber« (USA) und vor allem die »Spanische Grippe«, die nicht einmal aus Iberien kommt. »Schweinepest« und »Vogelgrippe« beleidigen ganze Tierarten. Auf Englisch heißen Windpocken »Chickenpox«, was Milliarden von unschuldigen Hühnern Unrecht tut. Die Deutschen müssen die Anglos geißeln, weil sie Rubella »German Measles« (Masern) nennen.

Das Netz ist immer noch nicht breit genug. »Influenza« (lat. für Grippe) beleidigt die alten Römer, und »Psychose« die alten Griechen. Die heutigen Griechen müssen sich bei der WHO beschweren, weil die Killer-Viren nun altgriechische Namen kriegen. Frankreich muss eine Eingabe bei der WHO machen, wonach Engländer nie wieder die Syphilis als »French Disease«, als »Franzosenkrankheit«, bezeichnen dürfen. **jj**

Korrektes Beten – Zur Eröffnung der 117. US-Legislaturperiode (2021) endete das Einführungsgebet gendergerecht mit »Amen und A-women«. Der inklusiv denkende Mann war nicht ganz firm in der Liturgie. »Amen« hat nichts mit Geschlecht zu tun. Es ist eine Bekräftigungsformel aus dem Hebräischen, etwa: »So soll es sein!« **jj**

Kulturelle Aneignung – Früher klauten weiße Imperialisten Land und unterwarfen die dunkelhäutigen und falschgläubigen Besitzer: Schwarze und Braune, Heiden und Hindus. Das wurde den Räubern in Dutzenden von Befreiungskriegen ausgetrieben, aber nun gehen sie listiger vor. Heute beuten Kolonialisten durch kulturelle Aneignung aus – *cultural appropriation*, um das angeeignete englische Original zu zitieren.

Was ist KA? Ein Standard-Wörterbuch, das Oxford English Dictionary, sagt es ganz korrekt: die »unangemessene Aneignung der Gewohnheiten, Bräuche und Ideen eines Volkes durch Angehörige eines anderen, typischerweise dominanteren Volkes«.

Einen frühen Höhepunkt markiert der Aufruhr an der Yale-Universität, wo die renommierte Kinderpsychologin Erika Christakis zu Halloween 2015 ihren Zöglingen mitteilte, fremdländische Kostümierungen wie Sombreros seien auf solchen anarchischen Partys eigentlich okay. Der Sturm der Entrüstung über den rassistischen Hutdiebstahl fegte sie hinweg. Ein Jahr später witzelte die US-Autorin Lionel Shriver, dass »Yoga« nunmehr →**Achtsames Stretching** heiße.

Trotzdem bleibt es so indisch wie der Ganges; trotzdem verrenkt sich die halbe Welt beim Yoga die Gliedmaßen – dominant oder nicht. In Wahrheit ist Aneignung Universalgeschichte. Die Heilige Schrift der Juden und Christen? Die Sintflut wurde vom Gilgamesch-Epos der Sumerer vorgezeichnet. Jesus war mal der Hebräer Jehoschuah, abgekürzt Jeschua.

Den Hindus (braun) haben die Araber (oliv) Null und Dezimalsystem gestohlen, und wir diesen Dieben Algebra und Logarithmus. Chinesen und Ägypter haben vor Jahrtausenden das deutsche Nationalgetränk Bier gebraut. Araber haben Kaffee aus Äthiopien abgeschleppt; nach Wien gelangte er mit dem osmanischen Heer – eine Gabe, welche die Ösis noch heute schätzen. Derweil hat sich Abu Dhabi ein Louvre-Museum angeeignet.

Weizen kommt aus Nahost, von Hummus ganz zu schweigen. Eine winzige jüdische Sekte hat das Christentum erfunden. Mit dem haben die Morgenländer Rom erobert; seitdem haben sich Asiaten und Afrikaner das Neue Testament gegriffen, Indonesier und Malaien den Koran. Christentum und Islam sind durch Aneignung zu Weltreligionen herangewachsen.

Wie sähe die globale Zivilisation ohne KA aus? Der »echt« amerikanische Bagel wurde ca. 1500 in Polen gebacken, dann von jüdischen Einwanderern in New York. Nun kauen auf ihm die Deutschen rum. Europa hat sich unerlaubt Rock ’n’ Roll von den Amis geholt. Spaghetti und Papier sind China, Opium ist es auch; dafür bekam China von uns »Das Kapital« und Google. Jazz und Blues sind Fortentwicklungen afrikanischer Musik. Die Franzosen haben der Welt die Menschenrechtserklärung geschenkt, die Russen Tolstoi und Strawinsky, die Briten Shakespeare und Penicillin, die Italiener Pizza, Verdi und römisches Recht. Die Deutschen lieferten Bach, Kant, Marx, Beethoven und Jeans (erfunden von dem Franken Levi Strauss).

Obwohl Shriver hoffte, KA wäre bloß eine »flüchtige Marotte«, frisst sich der rassenbewusste Provinzialismus weiter. Sie musste seitdem einen Dialog in einem neuen Roman umschreiben, weil sie einen afrikanischen Akzent benutzt hatte; das sei »Othering«, die Stereotypisierung des »Anderen«. Wenn aber nur Schwarze, Gelbe und Braune Romane im Namen »kultureller Empfindsamkeit« über eben solche schreiben dürfen, fällt der Blick von außen nach innen und umgekehrt, der eingefrorene Perspektiven aufbricht.

Geklaut haben wir den christliche Denker Augustinus, einen Afrikaner. Heute dürfte Billy Wilder, ein galizischer Jude, nicht wie in »Sabrina« (mit der britisch-holländischen Audrey Hepburn) den amerikanischen Traum abbilden, Fritz Lang und Ernst Lubitsch auch nicht. Wenn nur ein X die X versteht, wie der Wokismus wähnt, dürften nur Verbrecher Krimis schreiben. Good-bye Raymond Chandler und Dashiell Hammett, die sich bestens im Milieu auskannten. Was erlaubte sich die Engländerin Agatha Christie, als sie den belgischen Meisterdetektiv Hercule Poirot erfand, der im Film vom russischstämmigen Peter Ustinov gespielt wird?

Shakespeare dachte sich Othello aus, der zwar schwarz war, aber Universell-Menschliches verkörperte: Liebe und Hingabe, Eifersucht und Rache (der Bösling war der weiße Jago).

Keine Asiaten mehr an deutschen Musikhochschulen! Die können nie Bach, Brahms und Beethoven verstehen. Hitler tobte gegen »jüdische Physik«, was ihn Gott sei Dank von der Bombe abhielt. Wieso erhielt 1961 die Schwarze Leontyne Price mit ihrem Debüt an der New Yorker Met 42 Minuten Stehapplaus als Leonora in Verdis »Trovatore«?

Chinesen fragen nicht einmal, wenn sie geistiges Eigentum abgreifen. Dieser Autor bekennt sich schuldig. Dieser Text wurde auf einem amerikanischen Mac in lateinischer Schrift verfasst, die aus dem Griechischen kommt, davor aus dem Semitischen. Der Fax-Drucker kommt aus Japan, das sich die Fax-Technologie von Siemens geholt hat. Ohne das Dezimalsystem der Hindus und Muslime, die sich westliche Technologie zuhauf gegriffen haben, würden wir MMXXIII schreiben. 2023 ist praktischer. »Schukran« – danke auf Arabisch. **jj**

Letzte Generation – »Aber viele, die da sind die Ersten, werden die Letzten, und die Letzten werden die Ersten sein«, heißt es bei Matthäus. Der Satz zählt zu den bekanntesten aus der Bibel und wurde zum Sprichwort. Vielleicht wollen deshalb viele so gern zu den Letzten gehören. In Deutschland und Österreich machte 2022 eine Aktivistengruppe namens »Aufstand der letzten Generation« von sich reden, die glaubt, die Welt vor dem Untergang retten zu müssen. Zu diesem Zweck protestierten Mitglieder nicht nur, indem sie aufhörten zu essen: Sie setzten sich auf viel befahrene Straßen und klebten ihre Hände dort mit Sekundenkleber fest. Womit sie trotz ihrer geringen Zahl das Interesse der großen Medien auf sich zogen. Die klimasündigen Autofahrer warteten geduldig, bis die Polizei die Demonstranten mit Lösungsmitteln vom Asphalt getrennt hatte.

Letzter in der dreihunderttausendjährigen Geschichte des *Homo sapiens* zu sein, hat einen gewissen Kick. Schließlich kennt man bis heute die Namen Adam und Eva, mit denen nach jüdischer Überlieferung die Menschheit ihren Anfang nahm. Doch sollte man die Bewerber auf den letzten Platz in der Menschheitsgeschichte vor zwei Risiken warnen. Tritt ihre Prophezeiung ein, werden nur sie selbst von ihrer überragenden Bedeutung wissen. Denn nach ihnen kommt niemand mehr.

Zweitens ist die Chance, dass der Weltuntergang tatsächlich jetzt stattfindet, nicht sonderlich hoch. Die Sekundenkleber-Aktivisten sind eine nur vorläufig »letzte Generation«, die von der nächsten abgelöst wird.

Auch die Christen waren hin und wieder davon überzeugt, die letzten zu sein. Zum Beispiel 999, als Papst Sylvester II. den Weltuntergang verkündete. Dass der ausblieb, erklärte das Kirchenoberhaupt mit seinen erfolgreichen Gebeten. Laut Luther sollte die Welt 1532 untergehen. Dann erprobte er erfolglos zwei weitere Termine. Der Gründer der Zeugen Jehovas Charles T. Russel und seine Nachfolger legten sich viermal auf das Jahr des Weltendes fest.

Es gilt der gute Rat des polnischen Lyrikers Stanisław Jerzy Lec (1909–1966): »Erwartet euch nicht zu viel vom Weltuntergang.« **mm**

LGBTQIA+ – Was diese Abkürzung bedeutet, wissen die meisten: ein Sammelbegriff für diverse sexuelle Identitäten – außer hetero. Wie bei IBAN- und BIC-Nummern bemühen sich viele Menschen, die achtstellige Zeichenfolge im Gedächtnis zu behalten und gleichzeitig jeden Buchstaben der richtigen Minderheit zuzuordnen. Das ist nicht so leicht. »L« für lesbisch, »G« für »gay«, »B« für bisexuell, »T« trans, »Q« für queer. Ab da wird es schwierig. Zum Glück gibt es auf zdf.de die Kinderseite »Logo«. Dort werden interessierte Mädchen und Jungen informiert, dass das »A« für »asexuell« steht und das »I« für intersexuell

(Stand: Frühjahr 2022). »Es gibt so viele verschiedene Möglichkeiten«, klärt »Logo« auf, »welchem Geschlecht man sich zuordnet.« Niemand, der sich einer LGBTQIA+ Kategorie zugehörig fühlt, soll beleidigt werden, mahnt »Logo«. Das »+« ist ein Hinweis darauf, dass es noch viel mehr sexuelle Minderheiten gibt.

Für die Avantgarde ist die ZDF-Kinderseite längst von gestern. Sie benutzt mittlerweile die Buchstabenkombination LGBTTQQIAAP+. Denn bei LGBTQIA+ fehlen beispielsweise die Menschen, die ihre sexuelle Identität noch suchen (das zweite »Q« steht für »questioning«, »fragen«). Das zweite »A« (»ally«, Verbündeter) steht für jene, die beim Queer-Sein mitmachen wollen, obwohl sie sich keiner dieser Kategorien zugehörig fühlen. In ihrem Buch *Kampf der Identitäten* schreiben Jan Feddersen und Philipp Gessler: »Nach aktueller Lage der Dinge sind inzwischen 76 sexuelle Identitätsformen bekannt.« Gute Aussichten also für künftige Erweiterungen der Buchstabenkette. Eine schlechte Nachricht für alle, die bereits mit ihrer IBAN-Nummer überfordert sind. **mm**

Mathematik – Zwei plus zwei sind nicht »ungefähr« oder »vielleicht« vier – auch nicht fünf, wie Big Brother in George Orwells *1984* verfügen konnte. Die richtige Lösung folgt zwingend aus dem Wesen der Zahlen und der Definition von »plus« (hinzufügen).

Nun hat das Bildungsministerium des US-Bundesstaates Oregon eine 80-Seiten-Anleitung an die Lehrer verteilt, die den »Rassismus im Mathematik-Unterricht beseitigen« soll, also die »weiße Oberherrschaft« über Zahlen und Zeichen. Es gäbe nicht nur »eine richtige Antwort«. Es müsse gelehrt werden, wie die üblichen »Standards die weiße Suprematie-Kultur aufrechterhalten«. »Objektivität« beschädige »Kreativität«. Das »Entweder-Oder« begünstige »kapitalistische und imperialistische Denkweisen«. Die müssten den Kids ausgetrieben werden, auch wenn schon der Sowjetkommunismus keine einzige Rakete ohne kapitalistische Mathematik ins All hätte schießen können.

Mathe ist ein weißes Komplott. Tatsächlich gilt der alte Grieche Euklid mit seinem Hauptwerk »Elemente« (300 v. Chr.) als Vater der Mathematik. Geschrieben hat er es allerdings in Alexandrien (Ägypten), wo verdächtig dunkelhäutige Menschen herumliefen. Später kam ein gewisser al-Chwarismi (780–850 n. Chr.) dazu, ein Perser, der sein Leben in Bagdad verbracht hatte. Den Namen dieses Mannes, latinisiert als »Algorismi«, verdanken wir den »Algorithmus«.

Dazu die Null und das Dezimalsystem, welche dieser Kulturdieb freilich in Indien geklaut hatte, um so die Oberherrschaft des römisch-weißen Zählsystems (M, C, L...) zu brechen. Und noch weiter zurück. Schon ab 3000 v. Chr. fingen sie in Mesopotamien an, mit Arithmetik und Geometrie zu hantieren.

Jedenfalls ist das Wörtchen »Algebra« genauso arabisch wie »Alkohol« (al-kuhul) und »Alchemie« (al-kimija), weshalb die weißen Suprematisten trotz Newton und Leibniz (Differentialrechnung) das Haupt senken sollten. Als nächstes sollten wir nicht auf dem Pythagoras-Theorem und Pi (π) herumreiten, weil das den zarten jungen Seelen suggeriere, Mathe sei eine europäische Erfindung.

Aber auch alte weiße Männer finden Trost, jedenfalls solche, die als Kinder immer wieder gehört haben, Mathe beweise oder bewirke Intelligenz. Sie benutzen noch heute ihre zehn Finger, um zu addieren. Wie dieser Autor sind solche Leute nicht unbedingt Dumpfbacken, weil sie die binomische Formel nie kapiert haben. Sie sind vielmehr kreativ, weil sie das Spiel mit den zehn Fingern so gut beherrschen wie die Piano-Giganten Glenn Gould oder Artur Rubinstein und somit automatisch genieverdächtig sind. **jj**

»Maus« muss raus! – Der gezeichnete Weltbestseller *Maus* des *New Yorker*-Cartoonisten Art Spiegelman wird aus den Schulbibliotheken verbannt. Mit Bildern und Sprechblasen erzählt der Autor darin die Geschichte seiner Eltern im Holocaust. Ein Schulbezirk im Bundesstaat Tennessee will es den Kids nicht mehr zumuten, die Grausamkeiten als Lehrmaterial vorgesetzt zu kriegen. Zudem wimmle der Text von obszönen Schimpfwörtern wie »Goddamn!«.

Noch schlimmer: Spiegelman sei sowieso verdächtig, weil er einst als Karikaturist für *Playboy* gearbeitet hatte – des Magazins, das von entblößten Schönheiten lebt. Wie so oft hatten die Ankläger das Buch nicht gelesen. Denn es zeigt keine nackten Frauen, sondern diffus gezeichnete Figuren auf dem Weg in die Gaskammer. Nacktheit ist hier nicht pornographisch, sondern ein Symbol der Entmenschlichung. Im Übrigen zeigt Spiegelman keine Menschen, sondern anthropomorphe Tiere. Die Deutschen sind uniformierte blutrünstige Katzen, ihre hilflosen jüdischen Opfer sind Mäuse.

Ist die Zensur links wegen Frauenverachtung oder rechts, um endlich Schluss mit dieser Schoah-Nummer zu machen – um den Holocaust zu relativieren? Der Schulbezirk wollte nur die zarten Seelen von Achtklässlern vor der Realität schützen. »Anstand« (rechts) übernahm hier die Funktion von »safe spaces« (links), die das Schockierende von empfindsamen College-Studenten fernhalten sollen. Die Extreme nähern sich immer an und beflügeln sich gegenseitig. Beide Seiten – die Woken und Wohlanständigen – wollen das richtige »Narrativ« in den Köpfen einpflanzen, die Geschichte sterilisieren. Das läuft rinks wie lechts. PS: Nach dem Verbannungsedikt schoss *Maus* bei Amazon auf Platz 2 hoch; dort kauften sich die Kids das verstörende Machwerk. Der Trost: Das Verbotene ist die beste Reklame – und verschafft der Ausdrucksfreiheit einen kleinen Sieg. **jj**

Mikroaggression – So bezeichnet man Wörter, Blicke oder Gesten, die als Diskriminierung wahrgenommen werden. Unerheblich ist dabei, wie der bei einer Diskriminierung Ertappte sein falsches Wort, den tadelnden Blick oder die gerügte Geste gemeint hat. Es gilt allein die Empfindung dessen, der sich selbst als Opfer einer Mikroaggression definiert. Beispielweise könnten die vorangegangenen Sätze als Mikroaggression gewertet werden, da sie das generische Maskulinum verwenden – was als diskriminierender Akt gegenüber Frauen verstanden werden kann.

Das Konzept »Mikroaggression« ist älter, als viele Menschen glauben, die sich heutzutage darauf berufen. Es war (und ist) beliebt bei jungen Männern, die den Drang verspüren jemanden zu verprügeln, aber niemanden finden, der ihnen einen Grund dafür liefert. In ihrer Not werfen sie dem nächsten Passanten Mikroaggression vor: »Was guckst du?« Dem Beschuldigten nützt es nichts zu beteuern, dass er nichts Böses im Sinn hatte, er bekommt so oder so Prügel. Ähnlich gingen preußische Offiziere im Kaiserreich vor. Hatten sie das Bedürfnis, sich wieder einmal zu duellieren, traten sie auf einen beliebigen Mann zu und bezichtigten ihn im scharfen Ton: »Sie haben mich fixiert.« Wollte der Auserwählte seine Ehre retten, musste er zum Duell antreten.

Anders als die künstlich beleidigten Offiziere wollen die heutigen Verwender des Konzepts Mikroaggression sich nicht duellieren, sondern lediglich Anspruch auf Sonderrechte und ➔ **Safe Spaces** anmelden. Eine bewährte Strategie. Manès Sperber schrieb in seiner Autobiographie: »Die Welt wird von den Wehrufen jener betäubt«, die damit »die Erfüllung des eigenen Überanspruchs erzwingen wollen.« Laut Sperber kennzeichnet dies »den Lebensstil vieler Neurotiker«. **mm**

Mitte der Gesellschaft – In der alten Bundesrepublik galt die Mitte als langweilig und spießig. Intellektuelle warfen der SPD vor, zu sehr in die Mitte gerückt zu sein. Mitte war wie *Persil* und *Nivea* etwas für die graue Masse der arbeitenden Zwei-Kind-Familien mit Reihenhaus und Mittelklasse-Auto. Das hat sich geändert – zumindest in medialen Diagnosen. Nach neuerer Lesart ist die Mitte Heimstatt für Dummheit, Bosheit und Verkommenheit aller Art. Unklar bleibt, wer oder was eigentlich zur Mitte gehört.

»Der Rechtsextremismus infiziert die Mitte der Gesellschaft«, erkannte *Der Spiegel* 2019. Der *Deutschlandfunk* diagnostizierte 2020: »Rassismus ist in der breiten Mitte der Gesellschaft verankert.« Kein Wunder, dass in der Mitte alle den Verstand verlieren, die *Kölnische Rundschau* hatte bereits 2016 entdeckt: »Crystal Meth in der Mitte der Gesellschaft angekommen.«

Wenn das so ist, steht der Untergang des Abendlandes unmittelbar bevor. Seltsamerweise deckt sich die Diagnose der Mitte-Kritiker nicht mit der Alltagserfahrung der meisten Menschen von mittlerem Einkommen und unauffälligem Lebensstil. Wahrscheinlich leben die schon am Rande der Gesellschaft? **mm**

Mohrenkopf – Der verbotene Begriff hat mit dem N-Wort nichts zu tun, obwohl es jetzt »Schaumkuss« heißen muss. Als Mauren, deshalb der Staat »Mauretanien«, werden nordafrikanische Berberstämme bezeichnet, die ab dem 7. Jahrhundert von Arabern islamisiert wurden. Kreuzritter nannten deren Berber-Soldaten im Heiligen Land »Sarazenen«. In Österreich heißt der **M.** »Schwedenbombe«, was hochbedenklich ist, assoziiert man doch »Bombe« mit Terror und Massentod. Schoko und Schaum verdichten sich so zur Herabsetzung der Nordmänner. **jj**

Nazi – Für **→Identitäre Linke** ist jeder ein Nazi, dessen Meinung vom Katechismus für woke Intersektionalität abweicht. Für AfD-Anhänger sind Nazis unerklärliche historische Einzelfälle aus dunkler Vergangenheit, mit denen man als Neurechter nichts, aber auch rein gar nichts zu tun hat. **mm**

Neue Rechtsprechung – Zu den vornehmsten Errungenschaften der westlichen Welt gehört der Rechtsstaat oder Rule of Law. Niemand steht über dem Gesetz, alle werden unter ihm gleichbehandelt. Es gilt der faire, regelhafte Prozess, wo niemand seine Unschuld beweisen muss; es gilt die Unschuldsvermutung. Schuldhaftigkeit muss vor einem unabhängigen Gericht bewiesen werden – und zwar im Widerstreit von Verteidigung und Anklage.

Vor dem Gericht der sozialen und haltungsstarken Print-Medien greifen solche Regeln nicht. Zum Beispiel, wo es um elastische Begriffe wie »sexuelle Belästigung«, oder »Übergriffigkeit« geht. Oder um Posts auf Instagram, die als »Rassismus« ausgelegt werden. Wer sagt, »ich bin kein Rassist«, beweise doch genau so, dass er in Wahrheit einer ist. Die Opfer gehen zumal in den USA in die Aberhunderte plus die vielen, die nicht in der Zeitung standen. Sie verlieren Job und Würde, werden als Unperson aus der Gemeinschaft der Wohlgesinnten ausgestoßen.

Auf einen ordentlichen Prozess darf sich der Angeprangerte nicht verlassen. Das Prinzip: Der Verdacht ist schon der Beweis, die Beschuldigung der Schuldspruch. Da ging es im Wilden Westen noch »menschlicher« zu, wie diese zynische Redewendung zeigt: »Give him a fair trial and hang him.« (Macht ihm einen ordentlichen Prozess und hängt ihn.) Der Schuldbeweis kommt vor dem Strick. Immer noch tödlich, aber wenigstens unter dem Auge von Recht und Gesetz. **jj**

Normal – Wurde von einem harmlosen, unauffälligen Adjektiv zu einem weltanschaulichen Kampfbegriff. Die Firma Unilever gab 2021 bekannt, kein Shampoo mehr für normales Haar anzubieten, weil dies diskriminierend sei für Menschen mit speziellen Haaren. Gleichzeitig stellte die AfD ihren Wahlkampfslogan vor: »Deutschland – aber normal«. Doch jeder normale Mensch fragt sich, wenn er deren Chefideologen reden hört: Ist das noch normal? Während in Werbung, Medien und Kulturbetrieb alle gern »ein bisschen verrückt« daherkommen wollen, möchten die wirklich Verrückten gern normal sein. **mm**

N-Wort – Der Schlagersänger Roberto Blanco in *Bild* vom 18. Juni 2021: »Ich bin vorsichtiger mit dem N-Wort geworden. Obwohl ich selbst schwarz bin. Und wenn man Mohrenköpfe jetzt nicht mehr sagen darf, halte ich mich daran, weil ich niemanden wütend machen möchte.«

Vorbildlich löste das Munch-Museum in Oslo das N-Wort-Dilemma. Unter dem Aktbild eines braunhäutigen Mannes von 1916 steht dort, wo bei den anderen Gemälden der Name des Bildes genannt wird: »Title under consideration« – über den Titel wird nachgedacht. **mm**

Opferstatus – Auf einem Parteitag der Grünen 2021 blickte die prominente Publizistin Carolin Emcke in die Zukunft. »Die Bereitschaft zu Ressentiment und Gewalt wird bleiben«, prophezeite sie. Die Leidtragenden würden künftig nicht mehr Juden sein, sondern KlimaforscherInnen. Emckes düstere Vorhersage steht in einer langen Reihe von Bemühungen, alle möglichen Gruppen zu verfolgten Minderheiten zu erklären. Mal liest man, Muslime würden im heutigen Deutschland so diskriminiert wie einst die Juden im NS-Staat. Die sogenannte Querdenken-Bewegung setzt sich selbst mit den Opfern der Schoa gleich; deren Anhänger heften sich gelbe Sterne an die Heldenbrust.

Solche Opferkonkurrenz verharmlost millionenfachen Mord an wehrlosen Menschen. Sie sagt auch viel über den Zeitgeist aus. In früheren Jahrhunderten setzte die Propaganda auf Einschüchterung. Könige und Feldherren brüsteten sich damit, mächtig, stark und überlegen zu sein. Einem Napoleon wäre es niemals in den Sinn gekommen, die Zuneigung der Massen zu gewinnen, indem er sich als hilfsbedürftig präsentierte. Dies hat sich im 20. Jahrhundert gedreht. In der westlichen Welt muss man sich als diskriminierte Minderheit kostümieren, um Aufmerksamkeit und Einfluss zu gewinnen. Nur ein paar Potentaten in Nordkorea oder im Iran hängen noch an der alten Bluff-Taktik und plustern sich weiterhin auf. Wer Erfolg haben will, macht sich klein, um Mitleid zu kassieren, statt zu imponieren.

Das haben auch die Mächtigen und Privilegierten entdeckt, die längst nicht mehr mit ihren Insignien protzen, sondern sich als Verfolgte präsentieren. Wladimir Putin barmt, dass die imperialistische NATO ihn umzingeln und bedrohen würde. Donald Trump stellte sich selbst gern als Opfer linker Medienmacht dar. Ob AfD oder ADAC, ob Bischof oder Konzernboss, alle sind sie Opfer und heischen Hilfe.

Die von Frau Emcke ausgemachte Opfergruppe der Klimaforscher strahlt seit Jahrzehnten im Glanz allgemeiner Bewunderung und wird vom Staat großzügig alimentiert. Wer heute als Wissenschaftler aufsteigen will, macht am besten irgendwas mit Klima. Ob Siemens oder BMW, Papst oder Popstar: Alle wollen den Planeten retten. Wo die Parallele zwischen dem gesellschaftlichen Status von Klimaforschern und der Judenverfolgung liegt, muss Frau Emcke noch enthüllen. **mm**

Privilegien – Die haben die weißen Männer kassiert und – wiewohl mit einigem Abstand – auch weiße Frauen. Grundsätzlich sind die Opfer der weißen Privilegienherrschaft die »Verdammten dieser Erde«, wie sie der Drittwelt-Theoretiker Frantz Fanon in seinem vielzitierten Buch von 1961 nannte. Der Täter ist »Europa«, das »Jahrhunderte lang ... den Fortschritt bei anderen Menschen aufgehalten und sie für ... seinen Ruhm unterjocht hat«.

Hier sei am Rande vermerkt, dass die Unterwerfung der Schwächeren so alt ist wie die Menschheit; Machtgier, nicht Hautfarbe, war der Motor, lange bevor der weiße Mann Asien und Afrika betrat – denken wir an die Imperien der Babylonier, Ägypter und Perser, die quer durch Mittelost die Völker unterjochten.

Zu Beginn ging um es die Opfer des Kolonialismus, der vor sechzig Jahren zu Recht dahinschied. Seitdem vermehren sich die Opfergruppen in der westlichen Welt: Hinzugekommen zu den Dunkelhäutigen sind alle, die weder männlich noch »heteronormativ« sind: Frauen, Muslime, Homo- und Transsexuelle, »Queers«, Tiere, die verzehrt, Bäume, die gerodet werden, der Planet als solcher.

Das wirft ein Ranking-Problem auf. Pigmentierung reicht nicht als Maßstab der Privilegierung. Weiße Männer sind grundsätzlich obenauf, was Bonuspunkte für die Diskriminierten heischt. Wobei weiße Schuld historisch genauer betrachtet werden darf. 400 Jahre lang haben nicht Kreuzzügler, sondern Osmanen Araber geknechtet, die beide Allah huldigten. Juden wurden 2000 Jahre lang verfolgt und vernichtet; heute sind diese »Fremdrassigen« irgendwie »weiß«.

Inder und Ostasiaten (braun) in Amerika genießen keinen Sonderstatus. Obwohl: Chinesen wurden beim Eisenbahnbau wie Sklaven gehalten, Japaner im WK2 in Lager gepfercht. Inder sind eigentlich die nachgeborenen Opfer des britischen Imperialismus. Aber sie alle bekommen in Amerika Minuspunkte, weil sie die Hürden von gestern genommen haben. An den Top-Schulen und Universitäten herrschen ungeschriebene Quoten, die sie zurückhalten; deshalb gehen sie vor Gericht.

Weiße Männer sind grundsätzlich privilegiert, ob Volksschul- oder Harvard-Absolventen, egal, ob sie in »sozialen

Brennpunkten« leben, die früher »Armenviertel« hießen. Der Ausgleich gebietet immer mehr Opfergruppen. Es ist leider »menschlich, allzu menschlich« (Nietzsche), einklagbare Ansprüche nicht nur zur unabdinglichen rechtlichen Gleichstellung, sondern auch zum eigenen Nutzen einzufordern. Was du hast, will ich auch – und mehr. Folglich ist Identitätspolitik Machtpolitik.

Apropos Wiedergutmachung für historisches Unrecht: Warum nicht Pluspunkte für Häretiker und Atheisten – »Gottesleugner« –, die einst auf dem Scheiterhaufen landeten? Linkshänder, die bis vor kurzem in der Schule kujoniert und lebenslang traumatisiert wurden. Rothaarige, die ehedem den Hexentod starben. Wie steht es um Kurden in der Türkei, Christen im Islam, Uiguren in China? Oder bei uns um die Unterschicht, die zwar alimentiert wird, aber keine Steigbügelhilfe für den sozialen Aufstieg bekommt. Die historische Ironie: Einst war Opferstatus beschämend, ja tödlich. Heute lohnt er sich. Nur weiße Männer würden stur behaupten, dass Gerechtigkeit und Gruppenvorteil zweierlei Ding sind. **jj**

Prognosen – Warnungen aufgrund von Prognosen haben eine lange Tradition. Dass die düsteren Prophezeiungen selten eintrafen, hat ihrer Popularität nicht geschadet. Waldsterben, Ende aller Ressourcen bis zum Jahr 2000, Millionen Hungertote durch Überbevölkerung, Massentod durch Umweltverschmutzung: Wer sich noch ans 20.Jahrhundert erinnern kann, kennt diese Klassiker der warnenden Prognostik. Treffen die Vorhersagen nicht ein, ist dies selten Anlass für eine Revision. Zumeist wird es einfach immer stiller um das Thema, es gerät in Vergessenheit und eine neue Panik ersetzt die alte. Seit Mitte der 1980er-

Jahre stellte die Prophezeiung einer globalen Klimakatastrophe alle anderen in den Schatten. »Wir haben nur noch 13 Jahre«, titelte *Bild* im Jahr 2007.

Wissenschaftler, Journalisten und Aktivisten sagen schlimmste Folgen eines Klimawandels voraus. Einige davon sind auch eingetreten, andere nicht. So nehmen Hitzeperioden und Starkregen zu, die meisten Gletscher schrumpfen, der globale Meeresspiegel steigt (um etwa drei Millimeter im Jahr) und das Eis am Nordpol wird weniger. Allerdings nicht so rasant wie vorhergesagt. 2009 hatte Al Gore das völlige Verschwinden des Nordpols für 2016 anberaumt. Trotz gegenteiliger Prophezeiungen gibt es nicht mehr Wirbelstürme und Dürren. Weltweit ist die jährlich durch Feuer zerstörte Waldfläche seit 1900 rückläufig. Und die beste Nachricht: Die Zahl der Todesopfer von wetterbedingten Katastrophen sank seit den 1980er-Jahren um 80 Prozent. Sogar die Zahl der Eisbären nimmt nicht ab, sondern zu.

»Ein leitender Umweltbeamter der UN sagt, bis zum Jahr 2000 würden durch den steigenden Meeresspiegel ganze Nationen von der Erde verschwinden, wenn der Trend zur globalen Erwärmung nicht umgekehrt wird«, meldete *Associated Press* 1989. Einige Jahre zuvor überwog noch die Angst vor globaler Abkühlung. »Luftverschmutzung könnte die globale Temperatur um mehr als drei Grad sinken lassen … ausreichend, um eine Eiszeit auszulösen«, verkündete Klimaforscher Stephen Schneider 1971 in der Zeitschrift *Science*. Später proklamierte Schneider die globale Erwärmung.

Stimmen, die die Unsicherheit von Prognosen kritisch beleuchten, finden selten Gehör. Die Untergangspropheten lassen sich nicht beirren und das Publikum ist bis heute nicht ermüdet. Obwohl es mittlerweile seit einem halben

Jahrhundert stets fünf vor zwölf ist. Horrorszenarien wirken so verlässlich wie eh und je. **mm**

QAnon – Eine Bewegung, die 2016 in den USA entstand und dann weltweit Jünger fand. Sie hat den Vorteil, dass die Theorie so erfindungsreich wie umfassend die Weltläufe erklärt, aber keine Beweise erfordert.

Es begann mit der Kernthese, wonach Barack Obama, Hillary Clinton, George Soros & Co. einen Putsch planten, um in den USA eine Diktatur zu errichten. Dass der Umsturz nicht kam, ist kein Gegenbeweis. Denn der *Deep State* ist bereits Wirklichkeit. Dass er nicht fassbar ist, zeigt nur, wie mächtig und verschlagen er ist. Er regiert aus dem Dunkeln, der raffiniert kaschierten Festung aller Verschwörer.

Woher bezieht diese satanische Elite ihre märchenhaften Mittel? Einmal mit einem internationalen Kinderhändlerring, der Minderjährige in die Prostitution zwingt. Leider gibt es keine Telefonnummern für Interessierte, auch nicht für jene, die das Verjüngungselixier wollen, das aus dem Blut geschlachteter Kinder gewonnen wird.

Eine zweite Quelle des unermesslichen Reichtums ist das internationale Finanzjudentum, vorneweg alte Bekannte wie die Rothschilds und neue wie der Multimilliardär George Soros, ein bekennender Israel-Kritiker (Achtung: Tarnung!). Wie der getaufte Bill Gates da reinpasst, wird noch enthüllt. Jedenfalls: Geld regiert die Welt, der *Deep State* – eine ökumenische Verschwörung – aber besorgt den Rest.

Angela Merkel gehörte auch dazu, denn sie ist mit Adolf Hitler verwandt, der wiederum nur eine Marionette der Weltverschwörung gewesen ist – genauso wie heute

Nordkoreas Tyrann Kim Jong-un. Übrigens hat der Superbanker John Pierpoint Morgan, ein braver Christ, 1912 die Titanic versenkt, um die Konkurrenz auszuschalten. Hat er nicht? Wir müssen bloß lange genug graben, um das Böse ans Licht zu bringen.

So schenkt uns QAnon eine Weltdeutungstheorie, die von Platon bis Einstein vergebliche Liebesmüh war. Auch in Deutschland, wo der QAnon-Kanal auf *Telegram* immerhin 120.000 Abonnenten habe, berichtet der *Spiegel*. Wir müssen QAnon dankbar sein, weil die Truppe uns vom »Geworfensein ins Nichts« (Heidegger) erlöst, wo wir wie Amöben im Ozean der Verblödung schwimmen – blind und taub. Jetzt wissen wir, was uns quält und wie man es besiegt. QAnon ist die neue Aufklärung.

Wie alle Verschwörungstheorien schafft QAnon Instant-Ordnung im Chaos wie im Kopf. Jetzt kennen wir die verborgenen Ursachen und Übeltäter. Wir müssen bloß ein wenig im Netz herumsurfen, um der Gehirnwäsche durch die Mächtigen zu entgehen. **jj**

Querdenker – Eine heldische Avantgarde, die Schneisen durch das dumpfe Einerlei des verordneten Gleichdenk schlägt. Querdenker betreten, wie eine ihrer Webseiten verkündet, »gedankliche Pfade, die völliges Neuland sind, und sehen dabei Probleme aus einer gänzlich neuen Perspektive«. Dabei müssen sie leider mit »Gegenwind« rechnen und hinnehmen, dass die Mehrheit »diese Ansätze nicht nachvollziehen« kann. Sie werden »herabgewürdigt«. Wie Galileo, Kopernikus und Jesus, darf man hinzufügen.

Die Verächter der »neuen Perspektive« sind die Mainstream-Medien und der Staat, die beide unglaubwürdig sind, zumal, wo es um Corona geht – um Maskenschutz, Impfung und Abstandhalten. Querdenker sind eine verschworene Gemeinschaft der Wissenden, die durchs Netz schnürt, aber nur aufsaugt, was passt. Als wissenschaftliche Methode ist dieser Zugang unschlagbar. Er erhebt die Erleuchteten über die gemeine Herde.

Ein Beelzebub ist Bill Gates, der Microsoft-Multimilliardär. Der will die Menschheit impfen und entweder gedankenverformende Nano-Chips einpflanzen oder die Mädels gebär- und die Jungs zeugungsunfähig machen. Warum? Weil es zu viele Menschen auf unserer Welt gibt, deren Zahl zugunsten des Planeten reduziert werden müsse. Das habe er doch selber gesagt.

Solche Erklärungen funktionieren immer, weil sie nicht widerlegbar sind. Dass man die Chips unter dem Mikroskop nicht sehen kann, zeige doch, wie clever die Menschheitsverderber sind. Zum Beispiel Covid: Abermillionen Daten zeigen doch, so der lahme Einwand, keine statistisch signifikanten Nebenwirkungen nach Impfungen. »Kein Wunder«, sagen die Querdenker. Es dauere doch Jahre, bis die Leute sterilisiert oder verblödet worden sind; dann ist es allerdings zu spät.

Das Hübsche an jeglicher Verschwörungstheorie: Kaum wird ein Argument entkräftet, springt ein neues aus der Kiste – eine endlose Kette des Bösen. Eine beliebte Technik ist der Zirkelschluss, wo die Behauptung der Beweis ist. Zum Beispiel: Impfung ist gefährlich, weil die Gefahr in der Spritze lauert. Oder: Die Armut kommt von der Powerte. Ein alter jüdischer Witz beschreibt die Logik so: Der Lehrer wird von den Erstklässlern gefragt, wieso es regne. Erklärung: »Die Wolken saugen sich wie Schwämme mit Wasser voll, und wenn der Wind sie zusammenquetscht, kommt Regen heraus.« Ob es Beweise dafür gebe, fragt ein kleiner Frechling. Der weise Lehrer: »Wozu braucht ihr Beweise? Ihr seht doch, es regnet.« **jj**

Quinn, Freddy – Der in den Wirtschaftswunderjahren populäre Schlagersänger (»Junge, komm bald wieder«), den alle für einen Seemann oder zumindest für einen Hamburger hielten, hatte sich seine Identität selbst gebastelt. Freddy, der Sohn einer Österreicherin und eines Iren, war so wenig norddeutsch wie Kaiserschmarren. Wo genau er herstammte ist unklar, entweder aus Wien, aus Niederösterreich oder Kroatien – jedenfalls nicht von der Waterkant. Ein Alptraum für alle Identitären, die so fest davon überzeugt sind, dass Herkunft Schicksal sei. Der singende Seemann war das, was ihm und seinem Publikum am besten gefiel. Doch obwohl er selbst so ungeniert mit der eigenen Identität umging, sang er 1966 das Wutbürgerlied »Wir!«. Eine Hymne der damaligen deutsch-identitären Mehrheit, die sich über die lockeren Sitten der ersten Hippies aufregte (die damals noch Gammler genannt wurden). Textprobe: »Ihr lungert herum in Parks und in Gassen. Wer kann eure sinnlose Faulheit nicht fassen? Wir! Wir! Wir!« **mm**

Rassist 1 – Dazu der vielfach preisgekrönte schwarze US-Autor Thomas Sowell: »Wenn du seit jeher geglaubt hast, jedermann müsse gleichbehandelt werden, nach denselben Regeln spielen und an den selben Maßstäben gemessen werden, hätte dich das vor 60 Jahren als Radikalen abgestempelt. Vor 30 Jahren wärst du ein Liberaler gewesen, aber heute bist du ein Rassist.« **jj**

Rassist 2 – Ein Mensch mit absolut falschen Glaubenssätzen, die ein Wohlgesinnter als abscheulich verdammt. »Rassist« ist die unschlagbare Trumpfkarte, die dem Widersprecher moralischen Minderwert bescheinigt, keine Beweise fordert und jeglichen Gedankenaustausch verweigert. **jj**

Rassistische Bären – Ironie-Alarm! Ein Cartoon im Netz zeigt drei Bären. Der schwarze wird als »Schwarzbär« tituliert, der braune als »Braunbär«, der dritte, ein weißer Eisbär, als »Rassistischer Bär«. Darunter in Anlehnung an die Bewegung »Black Lives Matter« die ironische Spitze: »All bears matter« – *jeder* Meister Petz zählt. **jj**

Safe Spaces – Schutzräume, in denen woke Mitmenschen sicher sein können, dass dort nichts gesagt wird, was sie nicht mögen, gibt es mittlerweile real an Universitäten, aber weit häufiger virtuell in den Social Media. Wobei dies nur Miniarturausgaben der Safe Spaces sind, die von besorgten Regierungen eingerichtet wurden, um ihre Staatsbürger vor traumatisierenden Informationen und schädlichen Einflüssen jeglicher Art zu schützen.

Den größten Safe Space betreibt die nordkoreanische Familie Kim in dritter Generation. Menschen in ihrer Obhut können sich sicher sein, nicht getriggert zu werden (**➔Triggerwarnung**). Weniger erfolgreich war in der Vergangenheit der Schutzraum DDR, wo man ebenfalls versuchte, Menschen vor kränkenden oder schmähenden Texten und Bildern zu beschützen. Obwohl es mit Eduard von Schnitzler sogar einen hauptberuflichen Triggerwarner gab, hatte der 18-Millionen-Safe-Space doch zu viele Löcher, sodass er 1989 aufgegeben wurde.

Neuerdings sorgen sich Wladimir Putin und Xi Jin-ping um den Schutz ihrer Völker. Sie schließen reihenweise Webseiten, damit zarte russische und chinesische Seelen vor politischem Schmutz und Schund verschont werden. **mm**

Schlussstrich – Kaum war das Dritte Reich untergegangen, sagten viele, es solle nun endlich Schluss sein mit dem Gerede über die Verbrechen der Deutschen. Bereits 1951 demonstrierten Tausende im bayerischen Landsberg und anderswo dagegen, dass NS-Massenmörder von alliierten Gerichten zum Tode verurteilt worden waren. Politiker und Kirchenvertreter setzten sich für die gefangenen Nazi-Täter ein.

Besonders laut wurde die Forderung nach einem »Schlussstrich« während des Eichmann-Prozesses und in den Jahren, als in Frankfurt über die Mörder von Auschwitz Gericht gehalten wurde. Ein viel benutztes Argument jener Zeiten war, dass es in der Menschheitsgeschichte und speziell im 20. Jahrhundert viele Massenmorde und Völkermorde gegeben habe, warum dann so einen Lärm um die deutsche Variante machen?

Es waren damals Linke, die darauf hinwiesen, dass Staatsverbrecher wie Stalin oder Mao keine Mordfabriken errichtet hatten, in denen vom Baby bis zur Greisin alle Menschen nur wegen ihrer Herkunft umgebracht wurden. In den 2020er-Jahren ist die Schlussstrichdebatte zurückgekehrt – diesmal von links.

Sogenannte Postkolonialisten fordern »multidirektionale Erinnerung«. Im Zuge einer →**intersektionalen** und

»inklusiven« Geschichtsbetrachtung soll endlich Schluss sein mit dem deutschen »Schuldkult«. Die neue Argumentation funktioniert anders als die alte: Die Juden hätte sich einen exklusiven →**Opferstatus** erschwindelt, der ablenke vom Leid der kolonisierten Völker. Sie hätten sich einzureihen in die globale Schar der Opfer von Mord, Versklavung und Ausbeutung. Deswegen müsse jetzt mal Schluss sein mit der deutschen Fixierung auf die NS-Verbrechen, die obendrein provinziell sei. Während die Kulturlinke sich anschickt, den Völkermord an den europäischen Juden zu »kontextualisieren«, brauchte Alexander Gauland von der AfD für das gleiche Anliegen nur ein Wort: »Vogelschiss«. **mm**

Schneewittchen – Bei der Wiedereröffnung Disneylands nach 400 Tagen Lockdown nutzten zwei Journalistinnen des *San Francisco Chronicle* ihre Reportage für gendergerechte Erziehung. Der Remake des Schneewittchen-Films von 1938 sei zwar hübsch, aber frauenfeindlich. Der Kuss des Prinzen, der die Königstochter aus dem Totenschlaf erweckt, verletze ihre Selbstbestimmung als Frau. Denn ein »Kuss ohne Einwilligung« könne »keinesfalls wahre Liebe sein«, weil nur »einer weiß, was da abläuft«, nämlich der übergriffige Prinz.

Folglich müsse Schneewittchen 2.0 her. Kids sollten lernen, dass Küssen nur erlaubt ist, »wenn beide es wollen«. Eine neue Szene müsse die Grenzen dessen aufzeigen, was ein »Mann einer Frau antun darf«. Hier entsteht ein logisches Problem, Wie kann Schneewittchen mit dem Königssohn verhandeln, wenn sie tot bzw. bewusstlos ist? Ein moralisches kommt hinzu, weil das Leben höher rangiert als der rettende Kussraub. Folglich verzichtet das erlöste

Mädchen auf Anzeige und begleitet den verliebten Prinzen aufs Schloss, wo die gerechte Strafe auf die mörderische Königin wartet.

Dornröschen wäre noch eingekerkert im Gestrüpp, wenn der Prinz sie nicht geküsst hätte. Ein Mann, der ohne Einwilligung einer leblosen Frau keine Mund-zu-Mund-Beatmung gibt, riskiert deren Exitus, womöglich auch Bestrafung wegen unterlassener Hilfeleistung. Daraus folgt: Vorausschauende Prinzessinnen hängen sich ein Schild mit »Küss mich!« um den Hals, bevor sie sich an todbringenden Spindeln oder Äpfeln vergreifen.

Nur die Lebenden können lüsterne Buben zur Räson bringen. Nur als Wiederauferstandene konnte Schneewittchen die verbrecherischen Pläne der diabolischen Stiefmutter durchkreuzen. Die Moral von der Geschicht? Happyend ist ein gestohlener Kuss. **jj**

Schnellroda – In seiner Schwarzwaldhütte bei Thodtnauberg schrieb Martin Heidegger Lobgesänge auf »Provinz« und »Bodenständigkeit«. Ernst Jünger betrachtete die Welt vom Fuße der Schwäbischen Alb aus. Es gehört zum Standard antimoderner Geister, möglichst weitab von den Lichtern der Großstadt zu siedeln, wo »jüdische Asphaltliteraten« (Joseph Goebbels) den Kulturverfall feiern. Der neurechte Anstifter Götz Kubitschek nebst Gattin Ellen Kositza versorgt sein Milieu vom sachsen-anhaltinischen Dorf Schnellroda aus.

Wie einst Hermann der Cherusker aus der Tiefe des Teutoburger Waldes Rom den Kampf ansagte, so soll der heimatlich verwurzelte Geist Schnellrodas den Kosmopolitismus und Universalismus hinwegfegen, der sich in Berlin breitgemacht hat.

Eines muss man dem neugermanischen Paar lassen: Mediale Selbstinszenierung beherrschen sie. Sie präsentieren sich als erdverbundene Biobauern, die hinter dem Ziegenstall deutsches Schrifttum von Spengler bis Mohler studieren. Sieben Kinder mit nordischen Namen bezeugen, man tritt der Umvolkung aktiv entgegen.

Das i-Tüpfelchen ist jedoch, dass der völlig unspektakuläre Bauernhof »Rittergut« genannt wird. Da werden romantische Assoziationen an alte Zeiten wach. Wie gut diese Darbietung funktioniert, sieht man daran, dass das »Rittergut« in so gut wie jedem Artikel über Kubitschek und Kositza auftaucht. Das beste Branding seit Heideggers Waldhütte. **mm**

Siebenundneunzig Prozent – So viele Klimaforscher sind sich angeblich über die katastrophalen Folgen einer Erwärmung einig. Ein 97-Prozent-Konsens wird seit Jahren wieder und wieder in Medienbeiträgen, Politikerreden und auf Demonstrationen zitiert. Der populäre Fridays-for-Future-Slogan »Follow the Science!« (Folgt der Wissenschaft!) beruft sich auf diese 97 Prozent. Wäre sich eine solch überwältigende Mehrheit von Forschern tatsächlich einig, dann könnte man durchaus von »*der* Wissenschaft« sprechen, wie es ja auch geschieht. Doch der angebliche Konsens ist ein Artefakt.

Wie kam es zu den 97 Prozent? 2013 untersuchte ein Team unter der Leitung des australischen Kognitionsforschers John Cook Tausende Klimastudien. Die Freiwilligen sollten prüfen, ob in den Studien der Klimawandel als von Menschen verursacht angesehen wurde. Etwa zwei Drittel der Arbeiten legte sich in dieser Frage nicht fest. Vom übrigen Drittel gingen 97 Prozent davon aus, dass es einen menschlichen Einfluss aufs Klima gibt – eine Banalität.

Der Konsens bedeutet also nicht, dass fast alle Klimawissenschaftler mit den katastrophalen Prognosen von Aktivisten übereinstimmen. Selbst die schärfsten Kritiker zweifeln nicht daran, dass Fabriken, Kraftwerke, Fahrzeuge, Waldrodungen und Nutztiere das Klima beeinflussen. Strittig sind andere Fragen: Wie gefährlich ist eine Erwärmung für welche Regionen? Wie gut sind die Zukunftsprognosen? Ist allein der Mensch der Verursacher oder gibt es auch natürliche Faktoren? All dies fragte die australische Auswertung nicht ab. Der nichtssagende Konsens wurde dennoch weltberühmt und erwies sich als genialer Glaubenssatz, um Journalisten und Politiker zu beindrucken. **mm**

Sippenhaft postmodern – Die Nazis haben Frauen und Kinder des Widerstands in Sippenhaft genommen; erhellender ist der englische Begriff *guilt by association*, Kontaktschuld, und dann über die Generationen hinweg. Zeitgemäß ist der Fall jener Emilia von Senger, der Urenkelin eines Wehrmachtsgenerals, die ihr Erbe absolut korrekt in einen Buchladen für ausschließlich queer-feministische Literatur gesteckt hatte. Das sei »Blutgeld«, ereifert sich eine Aktrice namens Mateja Meded, die ihren Ruhm gern in den sozialen Medien mehrt; so könne sich Senger nicht freikaufen. Vielmehr beweise das Projekt *She said* (so der programmatische Name des Buchladens), »wie die Enkelinnen von aktiven Nazis heute in Machtpositionen der Kunst und Kulturwelt sind«.

Es folgte die Verdächtigung, die zur Verdammnis gerät: »Wenn man sich mit intersektionalem Feminismus, rassistischen Machtstrukturen... sowie Klassismus beschäftigt, wird man stutzig. Weiße privilegierte Frauen« sollten wissen, welche »Vorteile« sie mit »der bloßen Geburt geerbt haben.« Mit solchen Profiteuren könne man sich weder verbünden noch verbrüdern (korrekt: verschwistern). Es half Senger nicht, dass sie ihre Privilegien gebeichtet hatte; vor dem Instagram-Tribunal wurde der Kniefall als Schuldeingeständnis verhöhnt, das keine Strafminderung verdiene.

Also unauslöschlich befleckt durch Verwandtschaft im dritten Glied, aber nicht wie bei Karl Kraus: »Das Wort Familienbande hat den Beigeschmack von Wahrheit.« Familie als Falle ist nicht weit von der »Kollektivschuld« entfernt, die allen Deutschen nach dem Menschheitsverbrechen des zwölfjährigen Reiches auferlegt wurde, aber so gut in unser Rechtsverständnis passt wie ein viereckiger Pflock in ein rundes Loch. Ein Menschenalter später ist alles Adolf Nazi, wenn man den Film nur weit genug zurückdreht. Wir sollten gnädiger sein und die Nachnachgeborenen korrekt »Deutsche mit Nazihintergrund« nennen. Sorry, Frau von Senger, da kommen Sie nicht raus. **jj**

Streik – Die Aktivistinnen von Fridays for Future nennen ihre Demonstrationen »Streik«. Journalisten und Politiker übernehmen diesen Wortgebrauch, ohne zu fragen, was daran eigentlich ein Streik sei. »Ein Streik ist im Arbeitskampf«, definiert Wikipedia, »eine vorübergehende Niederlegung der Arbeit«, um bessere Arbeitsbedingungen zu erreichen. Ist es ein Arbeitskampf, wenn Jugendliche auf der Straße protestieren, statt zur Schule zu gehen? Wer eine Dienstleistung (den Schulunterricht) verschmäht, der streikt nicht, er boykottiert. Auch das ist eine klassische

Form des Protestes – aber nicht das Gleiche wie ein Streik. Nach der FfF-Neudefinition bestreiken jeden Sonntag Millionen Deutsche die Kirche, indem sie dem Gottesdienst fernbleiben, Impfgegner bestreiken die Ärzte und die Abstinenzler die Kneipen. **mm**

Sünde – Als vor Jahren einige Autoren die These aufstellten, Essen würde von manchen Menschen im 21. Jahrhundert ähnlich sündhaft empfunden wie Sex bei den Viktorianern, klang das nach einer satirischen Zuspitzung. Doch sie hatten recht. Das schlechte Gewissen beim Essen wird mittlerweile von der Lebensmittelindustrie vermarktet. »Not Guilty« heißt eine Marke für Fruchtgummis und Marshmallows. Ein Eiweißdrink wirbt mit dem Slogan »Guilt Free Pleasures«. Lustvoll schlemmen war gestern. **mm**

TERF – Viele Feministinnen wollen nicht einsehen, dass Männer gefälligst in allen Lebenslagen als Frauen wahrgenommen, akzeptiert und gewürdigt werden müssen, sobald sie sich selbst zur Frau erklärt haben. Solche uneinsichtigen Feministinnen werden von der queeren Bewegung als TERF bezeichnet: *Trans-Exclusionary Radical Feminists.*

Für Trans-Aktivisten ist die Nennung des biologischen Geschlechts eines Menschen so abscheulich wie für ihre woken Gesinnungsfreunde das N-Wort. Feministinnen, die es dennoch wagten, darüber zu sprechen, traf eine orchestrierte Empörungswelle. Sie würden Transfrauen diskriminieren und ihnen eigentlich das Existenzrecht absprechen, lautete der Vorwurf.

Alice Schwarzer, Joanne K. Rowling und andere hatten darauf hingewiesen, dass es an Orten wie Frauenhäusern gute Gründe gibt, Männer auszuschließen. Es sei problematisch, wenn biologischen Männern plötzlich alle Türen offenstünden, sobald sie sich nur selbst zur Frau erklärt haben. Das war nicht aus der Luft gegriffen, sondern geschah aus Anlass von Vergewaltigungen und sexuellen Übergriffen auf Frauen durch biologisch männliche Transfrauen.

Die Ansicht, jeder habe das Geschlecht, das er/sie kundtut, steht im Gegensatz zu einem anderen Paradigma. Keinesfalls darf jemand für sich in Anspruch nehmen zu den »People of Color« zu gehören (→**Identitätsklau**). Ein Mann muss voll und ganz als Frau anerkannt werden, wenn er sich selbst dazu erklärt. Schlüpft der gleiche Mann jedoch in ein Indianerkostüm, ist das böse →**kulturelle Aneignung**. Auch unser biologisches Alter ist im Gegensatz zum Geschlecht leider unverrückbar. Kein Erwachsener darf sich zum Kind erklären und kein Kind hat ein Recht auf gefühlte Volljährigkeit. Das ist diskriminierend. **mm**

Toxische Maskulinität – Ein Fluch, der neuerdings an den Männern hängt. Was ist TM? »Männlichkeit« hatte einst einen guten Klang, bei dem Mut, Risikobereitschaft, Schutzinstinkt und Abenteuerlust mitschwangen. Wie immer kommt, was in Amerika zusammengerührt wird, mit Verzug auf den deutschen Tisch – früher hätten wir von »giftig« und »männlich« geredet, nicht von »toxisch« und »maskulin«.

Für den amerikanischen Psychologenverband APA ist TM ein Therapieproblem. Die Jungs, so die 30-Seiten-

Anleitung, litten an »traditioneller Männlichkeit«; die Symptome seien »Stoizismus, Selbstständigkeit und Konkurrenzdenken«. Überdies wollen Männer »keine Verletzlichkeit zeigen«. »Aggressiv« und »homophob« sind sie sowieso.

Schon Nietzsche, der wie kein anderer die Kulturbrüche unserer Zeit vorausgesehen hatte, sprach von der »Umwertung aller Werthe« und dem Ende der »verwegenen« Männlichkeit. *Stoizismus* umschrieb einst die Tugend von Menschen, die ihre Affekte zügeln. Bewundernswert war die *Selbstständigkeit*, die Verantwortung zeugt. Wer seine *Verwundbarkeit* ignorierte, war ein Held, der »unerhörte Taten« vollbrachte, sein Selbst dem Ganzen unterwarf. Er schützte die Schwachen und schlachtete die Drachen. *Konkurrenzdenken* ist Frauen keinesfalls fremd, die in die Vorstände und Parteiämter streben – von der Rivalität um einen Auserwählten ganz zu schweigen. *Aggressivität* kann tödlich sein, aber ihr kleinerer, feinerer Bruder heißt »Mut«, während Feigheit in allen Kulturen verachtet wird.

Ist »traditionell männlich« gleich krank? Betrachten wir die endlose Vielfalt des Phänomens, die sich nicht auf ein pathologisches Syndrom reduzieren lässt. Da ist der zarte, hochsensible junge Werther, der sich aus unerfüllter Liebe selber opfert. Der Romantiker Cyrano de Bergerac, der nach seiner Roxane schmachtet. Willy Brandt, der ständig seine »Friedenspolitik« hochhielt. Der stoisch-pflichtgetreue Gary Cooper, der in *Zwölf Uhr Mittag* ganz allein drei Schurken niederkämpft, nachdem die Männer von Hadleyville ihm angstschlotternd Hilfe versagt hatten. Der Maler Max Beckmann meldete sich 1914 freiwillig zum Militär; dann – »auf Franzosen schieß ich nicht« – mutierte er zum Pazifisten. Heute hoch verehrt, gingen Hans Scholl und Alexander Schmorell 1942 in den Widerstand und endeten auf dem Schafott. Schließlich die Figur des »Gentleman«, der Stärke mit Selbstzucht paart, entschieden, aber rücksichtsvoll handelt. Er beleidigt und verletzt nicht; er ist das Gegenteil des Machos, der seine aggressive Männlichkeit zelebriert. Für den Gentleman gilt das englische Wort *grace under pressure*, Anstand unter Druck, auch wenn das Testosteron tobt und der Hahnenkampf droht.

Es gibt keine »traditionelle« Männlichkeit; das Spektrum reicht von Caligula, dem sexbesessenen Schreckensherrscher, bis zu dem Friedensfürsten Nelson Mandela, vom Grapscher zum Bergretter, der sein Leben für andere riskiert.

Ein »männlicher« Mann wäre recht hilfreich, wenn böse Buben einer Frau an die Wäsche gehen – oder schlimmer. Wir sind Feuerwehrmännern dankbar, die uns entschlossen aus den Flammen holen, statt abwägend draußen zu bleiben. Polizisten, die unsensibel den Knüppel gegen Plünderer zücken.

Richtig: Männer sind leichtsinniger und gewaltbereiter als Frauen, die nie mit dem Schnellfeuergewehr Amok laufen. Männer suchen den Kick und landen weitaus häufiger hinter Gittern. Aber Männer und Jungen als solche zu pathologisieren, ist wie die »Hysterie«, die zu Freuds Zeiten pauschal den Frauen angehängt wurde. »Hysterisch« war für die Doctores ein typisch weibliches Gebrechen, sozusagen »toxische Feminität«.

Heute ist laut APA Männlichkeit ein »gesellschaftliches Konstrukt«, das aufgelöst gehört. Den Therapeuten muss man Glück wünschen, wenn sie Biologie und Evolution wegwischen. Das erinnert an einen befreundeten Harvard-Ökonomen, der seine zweijährigen Töchter genderneutral zu formen gedachte. Er schenkte ihnen einen großen und einen kleinen Spielzeug-LKW. Anstatt sie wie Knaben zu demontieren oder aufeinanderprallen zu lassen, krähten die Zwillinge fröhlich: »Mami-Truck und Baby-Truck!« Die progressive Mutter war perplex. Wieso konnte man den kleinen Lieblingen nicht das evolutionäre Programm austreiben? **jj**

Triggerwarnung 1 – Die gut gemeinten Warnungen vor Texten oder Bildern, die sensible Mitbürger traumatisieren könnten, sind fester Bestandteil des Kulturbetriebs geworden. Ein typisches Beispiel ist der Roman »Das verlorene Paradies« des Literatur-Nobelpreisträgers Abdulrazak Gurnah. Ihm wurde eine »Editorische Notiz« beigegeben. Sie weist Leser darauf hin, dass in dem Buch Menschen als »Wilde«, »Eingeborene« oder »Kaffer« bezeichnet werden. Es folgt die Erklärung, dass dies »in der Regel Figurenrede« sei, also fiktive Romanfiguren so sprächen. In einigen Fällen benutze auch der Erzähler die Sprache der Zeit, in der die Handelnden verankert sind (der Roman beginnt Ende des 19. Jahrhunderts). Es folgt der Hinweis, dass dem Verlag bewusst ist, wie problematisch dies sei.

Ohne die »Editorische Notiz« würde man beim Lesen von Gurnahs Buch womöglich Rassist. Solche Triggerwarnungen sind jedoch keine Erfindung der Woken. Autoritäre Staaten versuchten schon früher, Lesern zu erklären, wie sie ein Buch zu verstehen haben. Besondere Mühe gab man sich in der DDR bei »Zehn Tage, die die Welt erschütterten« von John Reed. Das weltberühmte Buch, eine Reportage über die Ereignisse 1917 in Russland, war ein kniffliges Problem für den Chef-Ideologen Kurt Hager.

Denn da es schon 1919 erschienen war, konnte man es weder still und heimlich umschreiben noch verbieten. Man hätte im Westen eine manipulierte Fassung mit dem Original von 1919 vergleichen können. Außerdem gab es auch noch ein Vorwort von Lenin, dessen Schriften sakrosankt waren. Die Kulturfunktionäre lösten das Problem, indem sie dem Buch ein langes editorisches Nachwort anfügten. Darin erklärte die Partei, wieso in dem Buch Personen vorkommen, die laut DDR-Geschichtsschreibung gar nicht existierten, wie etwa Sinowjew oder Trotzki.

Die Lösung: John Reed habe diese Personen im Eifer des Gefechts falsch eingeschätzt, denn sie waren schon 1919 vollkommen unbedeutend und obendrein schändliche Verräter. So lernten DDR-Bürger, zweierlei. John Reed war zwar ein tapferer Kommunist und Freund von Lenin, aber sein Buch wimmle von Irrtümern, welche die SED glücklicherweise aufklären konnte. So wie Abdulrazak Gurnah zwar Literatur-Nobelpreisträger ist, aber ganz schlimme Sachen geschrieben hätte. Editorisch war die Welt wieder in Ordnung. **mm**

Triggerwarnung 2 – Mehr noch als in der Literatur gilt die **T.** für Film und TV, jedenfalls in Amerika, wo sie herkommt. Da wird im Vorspann gewarnt vor Blut, Schwangerschaft, Entführung, Tierquälerei, Nacktheit, Sex, obszöner Sprache, Rauchen, Schnaps, Gewalt jeder Art.

Freilich fehlen noch Warnungen in Märchen, die zarte Kinderseelen verletzen könnten, weil sie vor Grausamkeit und Gewalt strotzen. Die böse Königin will Schneewittchen umbringen; sie stirbt einen grässlichen Tod. Die Hexe in Hänsel und Gretel brät und verspeist gern Kinder; sie verkokelt im eigenen Ofen. Der Wolf verschlingt Rotkäppchen und kriegt den Bauch aufgeschlitzt. Bei Rapunzel fällt ihr Geliebter in eine Dornenhecke und verliert das

Augenlicht. Man müsste *noch* korrekter sein und die Kinder vor Verunglimpfung von Minderheiten warnen, sie daran erinnern, sich nicht über Zwerge (besser: kleine Menschen) zu erheben, vom »Schwarzen Mann« gar nicht zu reden. Dass die böse Fee Dornröschen praktisch meuchelt, müsse man verstehen. Denn sie wurde nicht zur Tauffeier eingeladen, folglich diskriminiert.

Wölfe wurden zu Grimms Zeiten unbarmherzig gejagt; kein Wunder, dass der traumatisierte Wolf in Rotkäppchen sich an den beiden Zweibeinern vergeht. Der Mensch, der Gewalt sät, erntet sie. Wieso wimmelt es in den Märchen von schrecklichen Hexen, nie von Hexerichen? Was ist das für ein Frauenbild, das die Kleinen vorgesetzt bekommen? Lauter mordlustige Feen, Königinnen und alte Damen mit Hakennase und verfilztem Haar. Dass Erwachsene mit Sex & Crime traktiert werden, mag noch durchgehen. Aber die Kindlein? Dieser Vater wollte seinen herzigen kleinen Mädchen das Trauma ersparen und glättete Schneewittchen, als die Töchter erwartungsfroh in die Kissen sanken: Die böse Königin wurde bloß ins Kloster verfrachtet. »Nein, Papi, erzähl's richtig – wie sie sich in den glühenden Schuhen zu Tode tanzen muss!« Nützlich war die Triggerwarnung doch. Die Blagen schon entschlummert, nachdem Papi die Liste abgespult hatte. Mehr Zeit für den Schreibtisch. **jj**

Ukraine – Putin-Agitprop für ein Land im Osten Europas, das von Nazis regiert wird und deshalb erobert werden muss (obwohl Präsident und Premier Juden sind). Zudem müsse Russland, das größte Land auf Erden, einen bevorstehenden Angriff im Keim ersticken. Das erinnert an die Fabel von La Fontaine. Ein Wolf sieht, wie ein Lamm aus einem Bach trinkt, und sucht einen Vorwand, um es zu fressen. Oberhalb des Schafs stehend, bezichtigt er sein Opfer, das Wasser im Unterlauf zu beschmutzen. »Wie kann ich das, wenn ich weiter unten trinke?« Sodann wirft das Raubtier dem Lamm vor, es vor einem halben Jahr beleidigt zu haben. »Aber da war ich noch gar nicht auf der Welt.« Darauf entgegnet der Wolf, dass dessen Vater ihn verleumdet habe, und verschlingt das Lamm. Putin hat wohl La Fontaine nie gelesen. Musste er auch nicht. Denn Aggressoren schieben immer dem Opfer die Schuld zu. **jj**

Ukrainer – Unterstellen wir, die Ukrainer wären Nichtweiße. Dann betriebe der Imperialist Putin »Kolonialismus«. Das Gedankenexperiment ist unnötig. Erinnern wir uns an die Zaren, die Zentralasien unterwarfen: Usbeken, Kasachen, Aserbaidschaner, Kirgisen, Tadschiken. Turkmenen – diese kolonisierten, ausbeuteten und russifizierten. *Plus ça change…*, die Dinge ändern sich, bleiben aber gleich, sagen die Franzosen. **jj**

Umstritten – Wenn Wohlmeinende einen Missliebigen nicht als Nazi oder wenigstens als rechts ächten können, greifen sie zu »umstritten«. Das hat für die Zielperson Konsequenzen. Redaktionen sorgen dafür, dass seine Äußerungen nicht allein dastehen. Vorträge oder Artikel umrahmen sie mit Beiträgen, die das Gegenteil betonen. In Talkshows werden Umstrittene in der Regel mit zwei, drei politischen Gegnern umgeben. Niemals trifft das Verdikt »umstritten« Menschen, die sich mit ihren Standpunkten zwischen Tagesthemen-Kommentar und Kirchentagspredigt bewegen, sondern solche, die diese Meinungsvorgaben skeptisch und respektlos in Frage stellen. Der in den 1950er-Jahren beliebte Vorläufer von »umstritten« hieß »bedenklich«. Damit ächteten Kirchenvertreter und andere Sittenwächter Texte, Theaterstücke und Filme, die ihnen nicht bigott genug waren. **mm**

Umvolkung – Der erste, der die Idee ironisch ins Spiel brachte, war Bertolt Brecht. 1953 schrieb er in seinem Gedicht »Die Lösung«: »Das Volk hat das Vertrauen der Regierung verscherzt. Wäre es da nicht doch einfacher, die Regierung löste das Volk auf und wählte ein anderes?« Heute ist Umvolkung eine Lieblingsvokabel rechtsextremer Verschwörungsgläubiger. Sie sind davon überzeugt, dass die »Merkeldiktatur« (der auch Nachfolger Scholz angehöre) einen Plan der Grünen umsetze: den Austausch biodeutscher Arier (→**Kartoffel**) gegen Fremdrassige, die unsere Jahrtausende alten abendländischen Werte wie Schweinebraten, Doppelkorn und Mülltrennen verachten. **mm**

Unbequem – Marketingattribut für Sänger, Kabarettisten und sonstige Künstler, die treffsicher sagen, was bei der akademischen Mittelschicht gut ankommt. In den 1980er-Jahren genügte ein Witz über die Plumpheit Helmut Kohls, um warme Gemeinschaftsgefühle auszulösen: Ich auf der Bühne und ihr im Saal – wir wissen Bescheid. Heute streuen die Unbequemen mit Vorliebe Reizworte wie »Fukushima«, »Glyphosat« oder »Klima« in ihr Programm. Der Applaus wird zum Akt des Widerstands gegen Erderhitzung und Neoliberalismus. Wer von *Kulturzeit* und *Bunte* mit dem Titel »unbequem« bedacht wird, gilt als kompetenter Meinungshaber und Experte für alles. **mm**

Unwort – Wladimir Putin mag keinen Krieg. Die Sache selbst mag er schon, wie sein Raubzug in die Ukraine zeigt, aber das Wort »Krieg« findet er peinlich. Deshalb verfügte er beim Kriegsausbruch im Februar 2022 das Wörtchen »Sonderoperation«. Wer in Russland von »Krieg« spricht, macht sich strafbar. In Deutschland kann kein Regierungschef Sprache ummodeln. Aber manche Mitbürger würden es gern tun.

Neben Universitäten und Behörden, die eine klima-, diversity- und gendergerechte Sprache durchsetzen wollen, kümmert sich die »Sprachkritische Aktion« um Schmuddelvokabeln. Eine Jury kürt am Jahresende das »Unwort des Jahres«. De Begründung erhält stets Applaus aus dem Medien- und Politikbetrieb. So haben wir gelernt, wie übel es sei, von »Klimahysterie« (Unwort 2019) zu sprechen, wenn junge Menschen Essen verweigern, Schule schwänzen oder sich auf Autobahnen festkleben, um den Weltuntergang abzuwenden.

Auch der »Pushback« (Unwort 2021) ist böse, da damit das brutale Abweisen »einreisewilliger Personen« an den EU-Grenzen verniedlicht werde. Liest man die Liste der Unwörter über all die Jahre, fällt auf, dass kein einziges aus dem Polemik-Arsenal des grünen und woken Milieus stammte. »Klimaleugner« sucht man so vergeblich wie »Gen-Food«. Als nächstes Unwort schlagen wir »Realismus« vor. Ein schlimmer Begriff, der die Ideale edler Menschen herabsetzt. **mm**

US-Amerikaner – Außer dem Deutschen kennt keine Sprache der Welt den US-Amerikaner. Nicht einmal die ewig amerikakritischen Franzosen reden von *Etats-Unis Américains*. Mexikaner, die dem übermächtigen Nachbarn einiges anzukreiden haben, sprechen von *Gringos*, nicht von *Estados Unidos Americanos*. Die geographisch schwächelnden Polit-Linguisten der DDR verlegten sich auf »Nordamerikaner« und schenkten den US-Imperialisten so Mexikaner und Kanadier, die ebenfalls in Nordamerika logieren.

Wiewohl noch nicht voll erforscht, darf man den Ursprung des Wörtchens im antiimperialistischen Spektrum verorten. Wieso maßen sich die Amis – korrekt: »US-Amis« – an, den Kontinent namensmäßig zu besetzen? Die nüchterne Antwort: Weil sich sonst niemand zwischen Feuerland und Yukon »Amerikaner« nennt, also keine Copyright-Verletzung. Mexikaner sowie Kanadier wären zu Recht empört, als »Amerikaner« tituliert zu werden. Fußnote: Wikipedia-Deutsch redet durchgehend von »US-Amerikanern«, was selbst den progressiven US-Gründern nicht über die Lippen käme.

Mithin löst »US-Amerikaner« ein Nicht-Problem. Freilich sind die Deutschen nicht pusselig bzw. antiimperialistisch genug. Das deutsche Zuckerguss-Flachgebäck müsste korrekt »US-Amerikaner« heißen; in der DDR wurde daraus »Ammonplätzchen«, um den Klassenfeind nicht in den Mund nehmen zu müssen.

Um die anderen Hemisphären-Einwohner vor Herabsetzung zu schützen, müsste es korrekt »Anti-US-Amerikanismus« heißen. Dito dürften wir nur noch von »Afro-US-Amerikanern« reden – oder vom »US-amerikanischen Traum«. Goethe wird postum umgeschrieben: »US-Amerika, du hast es besser.«

Dvořáks 9. Sinfonie »Aus der Neuen Welt«, eine Ode an die Vereinigten Staaten, wird zu »Aus der Neuen US-Welt«. Gershwins Jazz-Opus »Ein Amerikaner in Paris« kriegt einen »US-Amerikaner« eingesetzt. Den übergriffigen US-Amis nehmen wir dafür den Hamburger weg. Dazu *sourkraut* und *knockwurst*.

Gelöst werden muss noch das Problem des → »**Übersetzt aus dem Amerikanischen**«, das so viele eingedeutschte Bücher ziert. Korrekt muss es heißen: »Übersetzt aus dem US-Amerikanischen« – einer Sprache, die kein Amerikaner spricht. *They speak English* – so wie Ösis und Eidgenossen deutsch. **jj**

Vertriebene – Die deutschen Vertriebenenverbände waren schon identitär, lange bevor dieser Begriff in Mode kam. Ähnlich wie viele Palästinenser bauten sie die Bedeutung ihrer Herkunft zu einer Weltanschauung aus. In ihrer Erinnerung wurden Schlesien und andere einst deutsche Landstriche immer schöner, und die Abstammung wurde zum Lebensinhalt. Der Kult stand in seltsamem Kontrast zum wirtschaftlichen Erfolg und zur gelungenen Integration der allermeisten Vertriebenen in der Bundesrepublik.

Bei manchen ihrer prominenten Vertreter reichten die viel beschworenen Wurzeln in den verlorenen Ostgebieten nicht tief. So war der Vertriebenenpolitiker Herbert Hupka gebürtig in Sri Lanka. Die ehemalige Präsidentin des Bundes der Vertriebenen Erika Steinbach wurde im Raum Danzig nur geboren, weil ihr Vater von der Wehrmacht kurzzeitig dorthin versetzt worden war. Kindheit und Jugend verbrachte sie größtenteils im hessischen Hanau. Was die Regel bestätigt: Identität ist, was man draus macht. **mm**

Was bin ich? – So hieß eine Quizsendung, die in 337 Folgen bis 1989 im Ersten lief. Gastgeber war der Journalist Robert Lembke, von dem fast niemand wusste, dass er Jude war. Im dritten Jahrzehnt des 21. Jahrhunderts ist die Frage »Was bin ich?« sehr wichtig geworden. Und zwar nicht im Sinne von Überzeugung, Status oder Geisteshaltung, die man selbst erworben hat. Vielmehr stehen wieder Abstammung, nationale und religiöse Herkunft oder biologische Merkmale im Fokus. Identitäre von rechts und links legen Menschen darauf fest, Deutscher, People of Color oder Frau oder →**LGBTQIA+** zu sein.

Bei Robert Lembke gab die Arbeit Antwort auf die Frage nach dem Ich. Das Frageteam musste herausfinden, welchem Beruf eine Person nachging. Dreißig Jahre später antworten Menschen auf die Frage, wer sie sind, nicht mehr mit ihrer Profession. Sie beziehen sich stattdessen auf Identitäten, die sie durch Geburt mitbekommen haben, sei es Ethnie, Hautfarbe oder Religion. Was würde Robert Lembke heute selber auf die Frage »Was bin ich?« antworten: Jude? Deutscher? Alter weißer Mann? **mm**

Wende – Lieblingswort im deutschen Diskurs, wenn es darum geht, eine Veränderung ins Schicksalhafte zu drehen. Es fing an mit der »geistig-moralischen Wende«, die Helmut Kohl, unterstützt von Genscher (nach dessen Koalitionsbruch mit der SPD) ausrief. Für Geist und Moral sollte nach Kohls Willen das Privatfernsehen in Form von RTL und SAT1 sorgen.

Die nächste Wende erfüllte alle Kriterien, die für Revolutionen typisch sind. Doch da die Deutschen keine Revolutionen mögen, verniedlichten sie den demokratischen Aufstand in der DDR als »Wende«. Vielen Ex-DDR-

Bürgern, die vom Ergebnis der Revolution enttäuscht waren, gefiel das schicksalhafte Etikett »Wende«. Sie wollten sich selbst lieber als Opfer anonymer Machenschaften sehen denn als Revolutionäre.

Nun die »Zeitenwende« nach dem Angriff Putins auf die Ukraine. Auch hier klopft wieder das Schicksal an die Tür. Putin entpuppt sich als Imperialist: große Überraschung, wer hätte das bloß gedacht? Ausgeblendet werden peinliche Tatsachen, über die man jahrelang hinwegsah. Zum Beispiel die Ermordung von Oppositionellen und Journalisten, die Kriegsverbrechen in Tschetschenien, Georgien, Syrien, auf der Krim… Putin sagte offen, wie er denkt und was er will. Statt »Zeitenwende« würde »Nachholende Wahrnehmung der Realität« die Situation treffender beschreiben. **mm**

White Trash – Wer ständig neue Diskriminierungen entdeckt und die Herabsetzung von Minderheiten anprangert, braucht ein Ventil. Schließlich möchten auch vorbildliche Menschen lästern können. Dafür haben sie sich eine soziale Gruppe ausgesucht, die man verachten darf, ohne dabei als rassistisch, homophob oder sonstwie unanständig zu gelten: »White Trash«. In den USA und inzwischen auch in Europa bezeichnet man damit Menschen, die arm und ungebildet, aber weiß sind und somit keinen Opferstatus haben. Dünkel genießt hier einen ➔**Safe Space**. **mm**

Whitewashing – Gal Gadot, deren Film »Wonder Woman« 820 Millionen Dollar eingespielt hat, ist weiß, israelisch und eine der höchstbezahlten Stars in Hollywood, also dreimal »geht gar nicht«. Denn: Weiß ist gleich

»privilegiert«, Israel ist »Kolonialismus und Imperialismus«, und ihre achtstelligen Gagen beleidigen uns alle, die wir von kargem Brot leben müssen. Neuerdings ist ihr viertes Verbrechen →**cultural appropriation** oder →**kulturelle Aneignung**, wie sich das Deutsche das englische Original geangelt hat.

Denn diese weiße Frau ist Hollywoods neue »Cleopatra«. In der fünften Verfilmung seit 1913 spielt sie die sagenumwobene ägyptische Königin, die es zugleich mit Cäsar und Marcus Antonius getrieben hatte, im letzten Halbjahrhundert v. Chr. Elizabeth Taylor, die weiße Engländerin, die 1963 die Cleopatra gab, hatte damals bloß Ärger mit den Filmkritikern, die ihren Körper zu füllig und ihre Stimme zu dünn fanden. Gadot ist out, weil in diese Rolle eine »diverse« Frau gehöre, keine europäisch-stämmige Jüdin. Der korrekt denkende britische *Guardian* nennt es *whitewashing* – wenn dunkelhäutige Charaktere weiß übertüncht werden. Dass Cleopatra aus dem europäischen Gen-Gemisch kam, tut nichts zur Sache. Sie entstammte einer mazedonischen Dynastie, die auf Alexander den Großen zurückgeht und sich nicht mit den Unterworfenen zu paaren pflegte.

Eine arabische Journalistin twittert: »Schäm Dich, Gal Gadot. Dein Land stiehlt arabisches Land & Du klaust deren Rollen im Film.« So, wie Cleopatras echt arabische Nachfahren die Jeans geklaut haben, die der Franke Levi Strauss erfunden hat. Korrekterweise muss der samtäugige Ägypter Omar Sharif den Golden Globe abgeben, den er in »Doktor Schiwago« in der Rolle als Russe gewonnen hat. In »Funny Girl« mimt er den Juden Nicky Arnstein als Gatten von Barbra Streisand.

Was macht Elyas M'Barek als cooler Lehrer namens Zeki Müller in »Fack ju Göhte«? Ebenso der Bio-Deutsche

Armin Müller-Stahl, der in »Avalon« einen jüdischen Einwanderer aus Osteuropa spielt. Eingestampft wird die Erfolgsserie »Monk«. Dieser Meisterdetektiv trägt den unverfänglichen Namen Adrian Monk (»Mönch«). In Wahrheit aber heißt er Tony Shalhoub und ist Libanese. Zurück mit dem Rollendieb nach Beirut. **jj**

Wir – Das Lieblingswort eines zeitgeistigen Ranschmeiß-Journalismus, der unentwegt Harmonie und **→Einigkeit** stiften will. Seit die *Bildzeitung* 2005 verkündete »Wir sind Papst!«, werden Leserinnen und Leser vereinnahmt und geduzt. Über Trends, Moden und sogar politische Bewegungen wird nicht mehr aus der Warte eines Beobachters berichtet. Stattdessen outen sich Autoren freimütig als Teilnehmer und sacken ihre Leser gleich mit ein: »Warum wir so gerne shoppen«, »Wie wir das Klima retten«, »Alle lieben Ed Sheeran«. Längst ist die Kumpelei keine Spezialität der *Bild* mehr. Auch die gutbürgerlichen Qualitätsblätter tun so, als seien Redaktion und Leserschaft quasi »Homies« aus derselben »Hood«. Der MDR hat das »Wir« sogar als Leitspruch erkoren: »MDR – Das Radio wie wir«. Wir halten es da lieber mit Gerhard Polt: »Wer ist ›wir‹? Ich nicht.« **mm**

Wissenschaft – »Follow the Science!«, lautete ein Motto der Gymnasiastinnen, die 2019 zur Rettung des Weltklimas freitags schulfrei bekamen. Die Parole bezog sich auf die Annahme, alle Klimawissenschaftler würden eine apokalyptische Warmzeit vorhersagen. Manchen Menschen, die in Klimafragen *der* Wissenschaft folgen wollen, ist bei anderen Themen Wissenschaft eher suspekt.

So gibt es zum Beispiel kaum Biologen, Mediziner, Psychiater oder Psychologen, die körperliche Unterschiede zwischen Frauen und Männern als gesellschaftliches Konstrukt sehen Auch muss man Wissenschaftler mit der Lupe suchen, die Pflanzengentechnik für Teufelswerk halten, wie die Vertreter der Öko-Landwirtschaft behaupten und viele Konsumenten glauben. Selten ist die Ablehnung der Atomenergie unter Physikern, Strahlenmedizinerinnen und Energiefachleuten.

Grundsätzlich gibt es *die* Wissenschaft nicht, nur Erkenntnissuche und wissenschaftliche Methoden. Zweifeln gehört zum Wesen der Wissenschaft. Eine These gilt immer nur so lange, wie sie nicht widerlegt wird. Wer feste Glaubenssätze will, sollte nicht der Wissenschaft folgen, sondern der Kirche.

Im Laufe der Covid-19-Pandemie haben viele Menschen erstaunt bemerkt, dass auch Koryphäen vieles nicht wissen und dass etliche Erkenntnisse unter den Experten umstritten sind. Die Datenlage weist Lücken und Widersprüche auf. Das Virus hält sich nicht an **➔Prognosen**.

Wissenschaft bedeutet, sich nach vorne zu irren. Doch ein realistisches Bild von Wissenschaft ruft bei vielen Menschen Enttäuschung oder Aggression hervor. Das muss man ihnen verzeihen, denn viele Journalisten und Politiker verbreiteten die Fiktion einer irrtumsfreien Konsens-Wissenschaft. Bei Klimawandel und Covid gilt es immer noch als Gotteslästerung, wenn man darauf hinweist, dass auch Experten nur Meinungen haben. Die basieren zwar auf mehr Faktenwissen als bei Laien, aber auch auf lückenhaften Daten, Annahmen und Prämissen. Wenn man so tut, als sei Wissenschaft allwissend, erklärt man sie zur Religion, die das Gegenteil von Wissenschaft ist. **mm**

Woke – Auf Deutsch etwa »wach«, »wachsam«. »hellhörig«. Der Begriff hat sich in den letzten hundert Jahren mehrfach gewandelt. Anfänglich fand es sich im Slang schwarzer Amerikaner: Schärft euren Blick für die weißen Machtstrukturen, die euch quälen.

2016 geriet Woke in den Mainstream und in das *Oxford English Dictionary:* »Ursprünglich gut informiert und auf der Höhe der Zeit. Heute: wachsam gegen soziales Unrecht und rassische Diskriminierung.«

Dann drehte sich die Terminologie. Das *Urban Dictionary* höhnte ein Jahr später: »Woke ist die Angeberei von Leuten, die sich mit ihrem mustergültigen sozialen Bewusstsein brüsten.« Abermals eine Drehung, diesmal um 180 Grad: Woke war nun ein Schlagwort der Reaktion, die jeglichen Fortschritt vereiteln will. Im linken britischen *Guardian* hieß es: »Wer woke benutzt, ist ein Kulturkrieger der Rechten, der wütend ist über ein Phänomen, das hauptsächlich in seiner Vorstellung existiert.« Woke war demnach die fiebrige Fantasie der Übelgesinnten.

Früher war Woke ein Ehrenabzeichen, das sich schwarze und weiße Aktivisten an die Brust hefteten. Heute nennen sich die Guten nicht mehr »woke«, sondern bezichtigen die Bösen, sie mit dem herabsetzenden Aufkleber zu verunglimpfen. Die wiederum sehen in Woke einen Angriff gegen die Heiligtümer der Demokratie: Redefreiheit, Toleranz und verbriefte Rechte des Einzelnen. Furcht kommt hinzu: vor einem schleichenden Totalitarismus ohne Geheimpolizei, vor einer Sprache, die klassische Liberale und Konservative als Homophobe, Transphobe oder Faschisten brandmarkt.

Die Angefeindeten monieren zudem: Wer sich als Vorkämpfer für »People of Color« und sexuelle Minderheiten feiert, kommt überwiegend aus einem privilegierten Milieu. Was im Mäntelchen der Gerechtigkeit daherkommt, sei in Wahrheit eine Keule im Machtkampf. Geschwungen wird sie von einer *weißen* Elite, die in der »Efeu-Liga« studiert und Spitzenpositionen in den Unis, Verlagen, Konzernen, Stiftungen und Bürokratien besetzt hat. Ein Kern des Wokismus ist die →**Critical Race Theory**. Diese sei keine analytische Theorie, sondern eine Ideologie, die wie all ihre Schwestern bloß vorgibt, für das Gute und Gerechte zu kämpfen. Tatsächlich gehe es um die Kulturhegemonie, die wiederum harte Macht im politischen Raum gebiert. Mehr für uns, weniger für euch.

Wokismus als Figment? Jede Revolution fordert Opfer im Namen einer besseren Welt, wo gehobelt wird, fallen Späne, sagen Revolutionäre seit jeher. Wer sich der properen Sprache und dem korrekten Verhalten widersetzt, wer gegen Quoten und Vorteile für favorisierte Gruppen argumentiert, riskiert »Canceling« und Karriere-Tod; die realen Beispiele sind Legion.

Das Spiel ist wie: »Zahl, ich gewinne – Kopf, du verlierst.« Wer sagt: »Ich bin kein Rassist«, outet sich in Wahrheit als solcher. Die Taktik trifft alle, die beteuern, keinesfalls gegen eine angesagte Opfergruppe zu sein – Schwarze, Braune oder LBGTQ. Die Logik dieses verbalen Hütchenspiels hat den Vorteil der Unwiderlegbarkeit. Denn Rassismus ist »systemisch«, überall und unausrottbar. Gegenbeispiele zeugen von falschem Bewusstsen oder Augenwischerei.

Widerrede ist sinnlos, weil das Urteil von vornherein feststeht. »Black lives matter« ist richtig, »all lives matter« ist Rassismus. Und noch eine Drehung. Judith Butler, Gender-Theoretikerin an der Universität Berkeley: »Anti-Gender-Kräfte sind nicht bloß reaktionär, sondern faschistisch.« Faschismus ist wie einst Gotteslästerung und

Ketzererei das Nonplusultra, die Trumpfkarte, die jedes Argument aussticht und keinen regelhaften Disput zulässt. Mit »Faschisten« redet man nicht.

Laut Wokismus gibt es nur zwei Gruppen in dieser Welt: Unterdrücker und Unterdrückte, Täter und Opfer. Die Lösung? Wie in Orwells »1984« muss ein Machtsystem her, das die Sprache und so das Denken umkrempelt. Was man nicht mehr artikulieren kann, kann man nicht mehr denken. Wer das Wort beherrscht, diktiert die Wahrheit.

In ihrem Buch *How Woke Won* (2022) urteilt Joanna Williams: Woke »ist antidemokratisch – von oben nach unten. Doch verneinen die Aktivisten, dass Woke überhaupt existiert.« Mithin sei der Kulturkampf bloß eine Chimäre in den Köpfen der weißen Oberherrschaft.

Das müsste die Faschisten beruhigen. Sie kämpfen gegen Windmühlenflügel, eine Ausgeburt ihrer Paranoia. Wer gegen solche Diagnose protestiert, muss geisteskrank sein, weil es doch Woke gar nicht gibt. Ab ihn die Therapie mit ihnen oder gleich ins Umerziehungslager. Das Handbuch hat die chinesische Kulturrevolution geschrieben. **jj**

Zigeunerschnitzel – Diese Debatte sei »nicht von oberster Dringlichkeit«. Mit diesen Worten kommentierte Romani Rose vom Zentralrat der Sinti und Roma die in Deutschland seit Jahrzehnten geführte Diskussion um das Wort »Zigeuner« im Kontext von mit Paprika gewürzten Speisen und Soßen. Ihm bereite der reale Antiziganismus größere Sorgen. Es ist nicht bekannt, ob sich nach Roses freundlichem Hinweis Deutschlands Sprachreiniger von der Speisekartenkorrektur ab- und den realen Problemen der Sinti und Roma zuwandten. **mm**

Z-z-z-z – Micky-Maus-Deutsch, das Tiefschlaf signalisiert. Wenn Sie morgen aufwachen, wird sich Humpty Dumpty – siehe Vorwort – wieder neue Begriffe im Dienste der gerechten Sprache ausgedacht haben. Auf seiner Mauer sitzend, produziert er neues Anschauungsmaterial für den nächsten Band. **jj**

Aus der Reihe Critica Diabolis

21. Hannah Arendt, Nach Auschwitz, 13,- Euro
45. Bittermann (Hg.), Serbien muss sterbien, 14.- Euro
65. Guy Debord, Gesellschaft des Spektakels, 20.- Euro
171. Harry Rowohlt, Ralf Sotscheck, In Schlucken-zwei-Spechte, 15.- Euro
223. Mark Fisher, Gespenster meines Lebens, 20.- Euro
225. Eike Geisel, Die Wiedergutwerdung der Deutschen, 24.- Euro
246. Mark Fisher, Das Seltsame und das Gespenstische, 18.- Euro
253. Wolfgang Pohrt, Werke Bd. 10, Kapitalismus Forever & Texte, 22.- Euro
254. Wolfgang Pohrt, Werke Bd. 3, Honoré de Balzac, 2. Aufl., 18.- Euro
260. Wolfgang Pohrt, Werke Bd. 5.1, Zeitgeist & Texte 85-86, 26.- Euro
261. Wolfgang Pohrt, Werke Bd. 5.2, Hauch von Nerz & Texte 87-89, 26.-
262. Wolfgang Pohrt, Werke Bd. 4, Kreisverkehr & Texte 81-84, 30.- Euro
266. Léon Poliakov, St. Petersburg – Berlin – Paris, Memoiren, 24.- Euro
267. Wolfgang Pohrt, Werke Bd. 2, Ausverkauf & Endstation u.a. Texte, 30.-
268. Wolfgang Pohrt, Werke Bd. 1, Theorie des Gebrauchswerts u.a., 32.-
271. Eike Geisel, Die Gleichschaltung der Erinnerung, Essays, 26.- Euro
272. Mark Fisher, k-punk, Nachgelassene Schriften (2004-2016), 34.- Euro
277. Iris Dankemeyer, Die Erotik des Ohrs. Emanzipation nach Adorno, 30.-
278. Wolfgang Pohrt, Werke Bd. 6, Massenbewusstsein BRD 1990, 30.-
281. einzlkind, MINSKY, Roman über die künstliche Intelligenz, 24.- Euro
282. Wolfgang Pohrt, Werke Bd. 8.1, Harte Zeiten & Texte, 26.- Euro
284. Caroline Fourest, Generation Beleidigt, 18.- Euro
286. Ingo Müller, Furchtbare Juristen, erweiterte Neuausgabe, 24.- Euro
287. Wolfgang Pohrt, Werke Bd. 8.2, Brothers in Crime, 26.- Euro
288. Thomas Williams, Selbstporträt in Schwarz und Weiß, 24.- Euro
289. Stefan Gärtner, Terrorsprache. Wörterbuch des Unmenschen, 14.-
291. Wiglaf Droste, Chaos, Glück und Höllenfahrten, Autobiographie, 24.-
292. Hallische Jahrbücher # 1, Die Untiefen des Postkolonialismus, 24.- Euro
293. Annette Wieviorka, 1945. Als die Amerikaner die Lager entdeckten, 24.-
294. Wolfgang Pohrt, Werke Bd. 9, FAQ & Ergänzungstexte, 26.- Euro
295. Léon Poliakov, Vom Hass zum Genozid. Das 3. Reich und die Juden, 34.-
297. Walter Benn Michaels, Der Trubel um Diversität, 24.- Euro
298. Pascal Bruckner, Ein nahezu perfekter Täter, 26.- Euro
300. Christian Schultz-Gerstein, Rasende Mitläufer, 26.- Euro
301. Klaus Bittermann, Unruhestifter Wolfgang Pohrt, Biographie, 32.- Euro
302. Dominic Angeloch, Die Wahrheit schreiben, George Orwell, 28.- Euro
303. Sara Rukaj, Die Antiquiertheit der Frau. Eine Kritik, 18.- Euro
304. Uli Krug, Krankheit als Kränkung in pandemischen Zeiten, 16.- Euro
305. Caroline Fourest, Lob des Laizismus, 26.- Euro
306. Kathleen Stock, Material Girl. Kritik der Geschlechteridentität, 26.-
307. Hans Zippert, Wie Hitler mir das Leben rettete, 18.- Euro
308. Bari Weiss, Wie man Antisemitismus bekämpft, 20.- Euro
309. Josef Joffe & Michael Miersch, Schöner Denken 2, 16.- Euro
310. Valentine Faure, Als ich aufstand, nahm ich das Gewehr, 22.- Euro
311. Ingo Elbe u.a., Probleme des Antirassismus, ca. 24.- Euro
312. Laure Adler, Die Reisende der Nacht. Über das Altern, ca. 24.- Euro